社会主义核心价值观主题经典阅读
青春的底色 系列丛书

和谐篇

学术指导/ 石中英
主编/ 叶传平 刘劲凤
分册主编/ 胡静 张薇
编著/ 胡贺 汪玉

奏响和谐的旋律

时代出版传媒股份有限公司
安徽教育出版社

本书部分文字作品稿酬已向中国文字著作权协会提存，敬请相关著作权人联系领取。
电话：010-65978917，传真：010-65978926，E-mail：wenzhuxie@126.com。

图书在版编目（CIP）数据

奏响和谐的旋律 / 叶传平，刘劲凤主编；胡静，张薇分册主编；胡贺，汪玉编著. —合肥：安徽教育出版社，2024.6(2025.10重印)

（"青春的底色"系列丛书）

ISBN 978-7-5748-0166-0

Ⅰ.①奏… Ⅱ.①叶… ②刘… ③胡… ④张… ⑤胡… ⑥汪… Ⅲ.①社会主义核心价值观—中国—初中—教学参考资料 Ⅳ.①G631.2

中国国家版本馆CIP数据核字（2024）第105627号

奏响和谐的旋律

ZOUXIANG HEXIE DE XUANLÜ

出 版 人：	王能玉
策划编辑：	李冰冰　汪　琳
责任编辑：	于　芳　胡美娇　康　岩
装帧设计：	唐　敏
责任印制：	陈善军

出版发行：安徽教育出版社
地　　址：合肥市经开区繁华大道西路398号　邮编：230601
网　　址：http://www.ahep.com.cn
营销电话：(0551)63683012，63683013
排　　版：安徽时代华印出版服务有限责任公司
印　　刷：合肥瑞丰印务有限公司

开　本：710 mm×1010 mm　1/16
印　张：9.5
字　数：107千字
版　次：2024年6月第1版
印　次：2025年10月第2次印刷
定　价：58.00元

（如发现印装质量问题，影响阅读，请与本社营销部联系调换）

编委会名单

主　　编　叶传平　刘劲凤
分册主编　胡静　张薇
编　　著　胡贺　汪玉
其他编委　葛守松　侯新旺　李妮

序

最是经典润人心

党的十八大以来,围绕着"内化于心、外化于行"的总目标与"落细、落小、落实"的任务要求,大中小学的社会主义核心价值观教育不断深入,守正创新,多措并举,取得了显著的成就,积累了很多典型的经验,极大增强了青少年一代的社会主义核心价值观认同与文化自信。同时,推动社会主义核心价值观融入中小学课堂教学,为青少年个人的健康成长以及培育德智体美劳全面发展的社会主义建设者和接班人奠定了坚实的基础。

在培育和践行社会主义核心价值观的学校教育实践中,教育工作者们始终秉持"为党育人、为国育才"的初心使命,贯彻落实立德树人的根本任务,基于青少年身心发展规律和社会主义核心价值观的形成规律,结合校情学情,深入挖掘传统德育资源,探索社会主义核心价值观教育的新路径,营造了社会主义核心价值观教育的良好氛围。在培育社会主义核心价值观的教育途径中,经典阅读得到广泛的应用并受到越来越多学校和教师的青睐。经典阅读作为社会主义核心价值观教育的重要路径，其根本原因在于社会主义核心价值观总是通过人们在各种事件中的行为得以显现。价值观作为指引人们行为的正当性观念，不能脱离人们的行为而孤立存在，总是渗透、体现在人们的行为之中。我们要了解对一个人或一个时代起支配作用的核心价值观，就必须考察那个人、那个时代人们的行为，特别是那些重大事件中人们的行为，从中理解人们所面临的价值困惑、价值冲突以及所作出的价值抉择。

世界各国的教育体系都很重视经典教育，将经典作品作为博雅教育或通识教育的基本内容。经典教育之所以在教育史上有如此长盛不衰的魅力，是因为经典作品是时代的产物，一个时代的价值共识往往沉淀在经典文本中。学生们在经典文本的阅读中，可以通过一些具体的人和事与伟大的精神相遇，感悟兼济天下的情怀、超然物外的自由、卓然独立的人格魅力、慷慨激昂的豪迈品质，以及孤独执着的坚守、感同身受的同情、奔放洒脱的浪漫、大义凛然的不屈等精神的力量，在超越时空的灵魂对话与情感共鸣中，传承一个民族得以生生不息的核心价值观，不断强化自己的民族认同，同时使得个体的价值生命得到丰盈、扩展和持续成长。

如何运用好经典阅读这个途径开展价值观教育（特别是社会主义核心价值观教育），是一个新课题。指向价值观教育的经典阅读绝不仅仅是以娱乐为主、消遣为要的浅阅读，而是有难度和深度的阅读。在倡导全民阅读的大背景下，很多孩子虽然有海量阅读，但在对作品的深度理解、价值判断以及与作品产生情感共鸣等方面的表现并不突出，需要有效的阅读引导。有效的阅读引导并不只是停留在剖析文本基础上的知识传递，而是在问题探究、情感共鸣、思维共振基础上的对话。正是基于这样的实践认识，安徽省合肥市教育科学研究院组织一批来自一线的教师精心编纂了《"青春的底色"系列丛书》，以社会主义核心价值观为引领，以经典阅读为载体，以优化阅读方式为突破口，努力让学生在阅读经典之中享受阅读，在细读经典之中深化阅读，尝试走出一条经典阅读与社会主义核心价值观教育相融合的新路子。

我深信，该丛书的出版将有助于广大教师和家长们更有效地通过经典阅读开展青少年价值观教育（特别是社会主义核心价值观教育），为孩子一生的成长及正确价值观的形成奠定基础。

石中英

清华大学教育学院院长

前言

阅读之花自主开放

阅读是对精神的滋养，经典是阅读的脊梁。要让青少年学生在人生成长的关键时期得到更多更好的滋养，为未来的发展奠基，我们应该引导他们养成良好的阅读习惯，使他们在坚持阅读中受益终身。为此，我们组织优秀教师团队历时近三年，以社会主义核心价值观教育为主旨，以经典阅读为载体，以中学生为主要对象，编纂出版《"青春的底色"系列丛书》。该丛书共12册，围绕社会主义核心价值观的12个主题词遴选经典文本，旨在传递价值共识，观照价值理性，在青少年中厚植社会主义核心价值观。该丛书得到清华大学教育学院石中英教授的高度评价，我们将继续优化阅读指导，推动阅读分享，使之成为青少年精神成长的重要帮手。

以生为本，与学生对话

以生为本，是我们自始至终贯彻的原则。在单册书名、模块标题、板块设计等方面，我们充分征求、听取学生意见。例如，和谐篇《奏响和谐的旋律》、自由篇《扶摇而上九万里》等分册书名，以及"大河论坛""能量站""留言区"等板块都是学生智慧的集中体现。在呈现经典文本的同时，我们根据学生的认知与情感发展的实际情况，精准引导学生阅读，启迪求异思维，强化自主阅读。丛书注重阅读引导，将阅读引导分为读前、读中和读后三个部分：读前"叩门引路"，以学生感兴趣的话题或背景故事激发阅读期待；读中注重文本细读，以对话的方式启发学生思考，提升学生的阅读能力；读后"见微知著"，突出文本的价值亮点，注重价值观的提炼和升华。

精选篇目，与经典对话

在内容选择上，我们以中华优秀传统文化、革命文化、社会主义先进文化为主，遴选优秀作家作品；体例设计上，以阅读任务群的模块化形式呈现，突出学生认知、阅读实际。以友善篇《生命中的那些暖》为例，该书围绕"友善"主题分为"与人为善""与物为春""以善汇友"三个模块，选取《道德经》中的《上善若水》、《论语》中的《温良恭俭让》、《诗经》中的《木瓜》、《国语》中的《里革断罟匡君》、陶渊明的《移居二首》等国学经典，还选取了老舍的《小麻雀》、巴金的《朋友》、路翎的《初雪》、王蒙的《善良》等现当代经典文本。

选编时，我们尽量保留经典文本的原汁原味。但为了给学生提供更加标准、纯净的文字，对于现当代文本或白话小说中个别不符合现代汉语语言规范的地方，编者或做了修改，或随文在括号内予以注解；对于国学经典，我们通过多版本比对，力求为学生提供最好的选择。在阅读中，我们通常以师生对话的形式，激发、提升学生的阅读思辨能力。

注重思辨，与灵魂对话

我们鼓励学生追求深度阅读，尝试引导学生读后说、做中学、思后写，提倡学生将阅读中的思考说出来，将说出来的感受写出来，将写出来的感悟进行交流，促使学生之间形成彼此交流、相互启迪的学习氛围，希望学生在交流分享中成长。文本总是以静态的方式呈现，怎样变静态为动态，使学生由被动转为主动？在版式设计中，我们为学生留下发挥的空间，希望学生将自己的所思、所悟、所感及时用圈画或批注的方式记录下来，真实地与心灵交流，与灵魂对话。

在编纂过程中，我们集思广益、博采众长，将坚守学科本位与打破学科壁垒相结合，将社会主义核心价值观教育与落实学科核心素养培育相结合，将提升阅读素养与促进学科教学相结合，将活跃阅读课与丰富常态课相结合，充分调动教师和学生的积极性、主动性、创造性，期待呈现出集腋成裘、厚积薄发的阅读效应。

该丛书也一定存在一些值得商榷的地方，敬请各位老师、同学提出意见与建议，我们一定积极改进、全力完善，为帮助学生爱上阅读、爱好阅读作出教育工作者应有的贡献。

合肥市教育科学研究院院长

目录

导言 [1]

人们的协奏 [3]

四子侍坐 [5]
廉颇蔺相如列传 [12]
永远的亲情 [19]
  我的理想家庭 [19]
  小巷幽幽 [23]
  给我的孩子们 [26]
  独草莓 [32]
黄永玉和曹禺的通信 [36]
天嚣 [42]
发现拉贝日记 [46]
大河论坛 [53]
一叶知春 [55]

自然的交响 [57]

秋声赋 [59]

白马湖 [63]

萤火虫 [67]

祖父的园子 [73]

流转的四季 [79]

  春天是一点一点化开的 [79]

  夏感 [83]

  秋天的树 [86]

  江南的冬景 [90]

马 [95]

那些鸟会认人 [99]

大河论坛 [102]

一叶知春 [103]

心灵的和弦 [105]

《论语》节选 [107]
  追求内心富足 [107]
  少苛责，多反思 [108]
归去来兮辞 [109]
古诗两首 [113]
  积雨辋川庄作 [113]
  终南别业 [115]
白发 [118]
无事此静坐 [123]
安详 [127]
追随内心的生活 [130]
  竹轩诗兴 [130]
  生活是多么广阔 [132]
大河论坛 [134]
一叶知春 [135]

导言

奏响和谐的旋律

"和"始见于战国金文,字形为 ![字], 偏旁是"口",声旁是"禾",本义指声音相应,读hè。古代"和"有与乐器相和、随着唱或伴奏、附和、响应的意思,还有以诗歌酬答的意思,等等。"谐"始见安徽省寿县蔡侯墓出土的春秋蔡侯盘铭文,字形为 ![字],本义为和谐、融洽。和谐需要言语沟通,因此"谐"从"言"。"谐"的目的是要达成一致,声旁"皆"兼表义,表示同、共同。

和谐是中国人的社会理想和精神基因。我们与人相处,倡导以和为贵;我们很早就懂得万物共生、息息相通的道理;我们重视心灵生活,修身养性,追求内心自洽。拥有和谐的关系，营造和谐的氛围，对个人、国家和社会来说都十分重要：拥有和谐的人际关系是个人幸福的前提；拥有良好的国际关系、维护国家长治久安、实现人民共同富裕，是国泰民安的前提；各国同呼吸，共命运，秉持绿色发展理念，构建人类命运共同体，是人类社会发展的必然要求。

人们的协奏

> 天时不如地利，地利不如人和。
>
> ——《孟子》

> 人们建筑房屋，制造器具，从事农业生产……都需要交流与合作。和谐的关系是交流合作的前提。你们能从人际关系、民族交融、国际交往等角度，谈谈对"和谐"的理解吗？

大琴老师

> 我觉得和谐首先是人际关系的和谐。它是《论语》中的"君子和而不同"；是鲁迅《藤野先生》中老师对学生的关心与期待，学生对老师的敬仰和怀念；是莫怀戚《散步》中一家人选择走大路还是小路时的互敬互爱；也是《千人糕》中互不相识的劳动者的各司其职、默默奉献和团结协作。

小音符

> 中华民族的形成与发展是民族交融的结果，和谐还表现为民族间的团结与互助。《驿路梨花》中"我"、老余、瑶族老猎人、哈尼族小姑娘和当年的解放军，共同建立和维护了小木屋。云南地区的民族和谐让人印象深刻。

小旋律

> 还有其他补充吗？

大琴老师

> 和谐还表现为国际间的平等、互鉴、对话和包容。历史无数次告诉我们霸权和对抗会导致战争和动荡，和平是各国人民的共同心愿。

小音符

> 所以在人类社会中，和谐不仅是个人幸福生活的前提，也是民族、国家生存发展的需要。人们只有加强合作，增进交流，携手共进，才能有美妙的协奏。

大琴老师

奏响和谐的旋律

【叩门引路】 学生总是渴望获得老师的理解与赞赏，老师总是期待受到学生的尊重与信任，如何才能处理好师生关系呢？孔子被后世称为"万世师表"，他与弟子的关系可以说是师生和谐的典范。

四子侍坐

子路、曾晳、冉有、公西华①侍坐。

子曰："以吾一日长乎尔，毋吾以也。②居③则曰：'不吾知也！'如或知尔，则何以哉？"

子路率尔④而对曰："千乘之国⑤，摄⑥乎大国之间，加之以师旅，因之以饥馑，由也为之，比及⑦三年，可使有勇，且知方也。"

小旋律： 子路"率尔而对"，是课堂发言的积极分子！

大琴老师：
子路说出自己治理大国的抱负，表现出他的坦率、自信，也展现了他性格中急躁、鲁莽的一面。你可以根据下面其他弟子的行为和对话，揣摩他们的性格。

插画 姜强

夫子哂⑧之。

"求，尔何如？"

对曰："方六七十⑨，如⑩五六十，求也为之，比及三年，可使足民。如其礼乐，以俟君子。"

"赤，尔何如？"

对曰："非曰能之，愿学焉。宗庙之事，如会同⑪，端章甫⑫，愿为小相焉。"

"点，尔何如？"

鼓瑟希，铿尔，舍瑟而作⑬，对曰："异乎三子者之撰。"

子曰："何伤⑭乎？亦各言其志也！"

曰："莫春⑮者，春服既成，冠者五六人，童子六七人，浴乎沂⑯，风乎舞雩⑰，咏而归。"

夫子喟然叹曰："吾与点也。"

三子者出，曾皙后。曾皙曰："夫三子者之言何如？"

子曰："亦各言其志也已矣！"

曰："夫子何哂由也？"

曰："为国以礼。其言不让，是故哂之。"

"唯求则非邦也与？"

"安见⑱方六七十，如五六十而非邦也者？"

"唯赤则非邦也与？"

"宗庙会同，非诸侯而何？赤也为之小，孰能为之大？"

（选自《论语》）

小音符：

我发现孔子的弟子们在面对老师时，都能够畅所欲言，感觉真和谐！

大琴老师：

这是因为"夫子循循然善诱人"，他能和学生们坦诚相见。孔子不仅给学生上了精彩的一课，也给我们老师上了生动的一课。

【注释】

①子路、曾皙、冉有、公西华：孔子的学生。子路，名由。曾皙，名点。冉有，名求。公西华，名赤。

②以吾一日长乎尔，毋吾以也：不要因为我比你们的年龄稍长一些，而不敢跟我说。吾，人称代词"我"，是"以"的宾语，在否定句中前置。

大琴老师：

注释②中讲到否定句中代词作为宾语前置的情况。这段文中还有相同的情况。请你找出来，说说它的意思。

读者留言：

③居：平日。

④率尔：轻率，急切。

⑤千乘之国：有一千辆兵车的诸侯国。在春秋后期，千乘之国是中等国家。乘，古时一车四马为一乘。春秋时，一辆兵车，配甲士三人，步卒七十二人。

⑥摄：夹处。

⑦比及：等到。

⑧哂：微笑。

⑨方六七十：纵横六七十里。

⑩如：或者。

⑪会同：古代诸侯朝见天子的通称。

⑫端章甫：穿着礼服，戴着礼帽。这是做小相时的穿戴。端，古代的一种礼服。章甫，古代的一种礼帽。

⑬作：站起来。

⑭何伤：何妨，意思是有什么关系呢。

⑮莫春：即暮春，农历三月。莫，"暮"的本字。

⑯沂：水名，在今山东曲阜南。

⑰风乎舞雩（yú）：在舞雩台上吹吹风。风，吹风。舞雩，台名，是鲁国求雨的坛。雩，求雨的祭祀仪式，伴以乐舞。

⑱安见：怎见得。

【小课堂】孔子为什么赞同曾皙？

在其他同学都在谈治国理政的志向时，只有曾皙想春游。但令人意外的是，孔子居然赞同了他！有关孔子"与点"的原因，有很多种说法。杨树达认为，"孔子与曾点者，以点之言为太平社会之缩影也。"（杨树达《论语疏证》）

你可以把《论语》拿出来多读读，根据孔子的言行、主张推测他赞同曾皙的原因，说说自己的看法，试着跟专家论辩一下。

人们的协奏

【见微知著】　孔子和他的学生在一起谈论人生志趣，五个人性格各异，志趣不同。孔子循循善诱，坦诚谦和；子路率直自信，略有急躁；冉有和公西华恭谦含蓄，小心谨慎；曾皙则不紧不慢，闲逸潇洒。他们在轻松愉悦的氛围中各抒己见，畅谈理想，这样的师生关系让人艳羡。孔子以平等待学生，学生对他异常尊敬；孔子以真心待学生，学生对他无限爱戴；孔子以坦诚待学生，学生对他知无不言。正是因为互相尊重、坦诚和关爱，所以他们建立了和谐融洽的师生关系。

【叩门引路】大家还记得小学课本中《将相和》的故事吗？那个故事就来源于西汉史学家司马迁写的《史记》中的这篇《廉颇蔺相如列传》。战国后期，蔺相如凭借完璧归赵和渑（miǎn）池抗秦之功，和大将军廉颇同为赵国上卿，而且在位置排序上还高那么一点点。廉颇非常不满，打算让他难堪。面对这样的职场矛盾，蔺相如从大局出发选择了宽容，廉颇则知错能改，一起成就了一段将相和的历史佳话。

廉颇蔺相如列传

西汉 司马迁

廉颇者，赵之良将也。赵惠文王十六年，廉颇为赵将，伐齐，大破之，取阳晋，拜为上卿，以勇气闻于诸侯。

蔺相如者，赵人也，为赵宦者令缪贤舍人①。

赵惠文王时，得楚和氏璧②。秦昭王闻之，使人遗③赵王书，愿以十五城请易④璧。赵王与大将军廉颇诸大臣谋：欲予秦，秦城恐不可得，徒见欺；欲勿予，即患秦兵之来。计未定，求人可使报秦者，未得。

宦者令缪贤曰："臣舍人蔺相如可使。"王问："何以知之？"对曰："臣尝有罪，窃计欲亡走燕。臣舍人相如止臣曰：'君何以知燕王？'臣语曰，臣尝从大王与燕王会境⑤上，燕王私握臣手曰，'愿结友'，以此知之，故欲往。相如谓臣曰：'夫赵强而燕弱，而君幸于赵王，故燕王欲结于君。今君乃亡赵走燕，燕畏赵，其势必不敢留君,而束君归赵矣。君不如肉袒伏斧质⑥请罪,则幸得脱矣。'臣从其计,大王亦幸赦臣。臣窃以为其人勇士,有智谋,宜可使。"

于是王召见,问蔺相如曰:"秦王以十五城请易寡人之璧,可予不⑦?"相如曰:"秦强而赵弱,不可不许。"王曰:"取吾璧,不予我城,奈何?"相如曰:"秦以城求璧而赵不许,曲⑧在赵;赵予璧而秦不予赵城,曲在秦。均之二策,宁许以负秦曲。"王曰:"谁可使者?"相如曰:"王必无人,臣愿奉⑨璧往使。城入赵而璧留秦;城不入,臣请完璧归赵。"赵王于是遂遣相如奉璧西入秦。

秦王坐章台见相如。相如奉璧奏秦王。秦王大喜,传以示美人及左右,左右皆呼万岁。相如视秦王无意偿赵城,乃前曰:"璧有瑕,请指示王。"王授璧。相如因持璧却立⑩,倚柱,怒发上冲冠,谓秦王曰:"大王欲得璧,使人发书至赵王,赵王悉召群臣议,皆曰:'秦贪,负其强,以空言求璧,偿城恐不可得。'议不欲予秦璧,臣以为布衣之交尚不相欺,况大国乎?且以一璧之故逆强秦之欢,不可。于是赵王乃斋戒五日,使臣奉璧,拜送书于庭。何者?严大国之威以修敬也。今臣至,大王见臣列观⑪,礼节甚倨,得璧,传之美人,以戏弄臣。臣观大王无意偿赵王城邑,故臣复取璧。大王必欲急臣,臣头今与璧俱碎于柱矣!"

相如持其璧睨⑫柱,欲以击柱。秦王恐其破璧,乃辞谢⑬,固请⑭,召有司⑮案图⑯,指从此以往十五都予赵。

相如度秦王特以诈佯为予赵城,实不可得,乃谓秦王曰:"和氏璧,天下所共传宝也。赵王恐,不敢不献。赵王送璧时斋戒五日。今大王亦宜斋戒五日,设九宾于廷,臣乃敢上璧。"秦王度之,终不可强夺,遂许斋五日,舍相如广成传⑰。

相如度秦王虽斋,决负约不偿城,乃使其从者衣褐⑱,怀其璧,从径道亡,归璧于赵。

秦王斋五日后，乃设九宾礼于廷，引赵使者蔺相如。相如至，谓秦王曰："秦自缪公以来二十余君，未尝有坚明约束者也。臣诚恐见欺于王而负赵，故令人持璧归，间[19]至赵矣。且秦强而赵弱，大王遣一介之使至赵，赵立奉璧来。今以秦之强而先割十五都予赵，赵岂敢留璧而得罪于大王乎？臣知欺大王之罪当诛，臣请就汤镬[20]。唯大王与群臣孰[21]计议之。"

小音符：
这篇列传写的是廉颇和蔺相如两个人，但我感觉在描写两者的内容上有点比例失调。为什么大部分笔墨都在写蔺相如，写廉颇的很少？

大琴老师：
《史记》记录了三千多年的历史，涉及的历史人物不计其数。司马迁选择纪传的人物注重其道德，"明主贤君忠臣死义之士"才能入选，因此《史记》既注重历史客观性，又暗蕴了作者道德判断和褒贬态度。你可以从它的写作特色出发，结合司马迁的人生态度思考这篇选文描写人物时"比例失调"的原因。

秦王与群臣相视而嘻[22]。左右或欲引相如去，秦王因曰："今杀相如，终不能得璧也，而绝秦赵之欢。不如因而厚遇之，使归赵。赵王岂以一璧之故欺秦邪？"卒廷见相如，毕礼而归之。

相如既归，赵王以为贤大夫，使不辱于诸侯，拜相如为上大夫。

秦亦不以城予赵，赵亦终不予秦璧。

其后秦伐赵，拔石城。明年复攻赵，杀二万人。秦王使使者告赵王，欲与王为好，会于西河外渑池。赵王畏秦，欲毋行。廉颇蔺相如计曰："王不行，示赵弱且怯也。"赵王遂行。相如从。廉颇送至境，与王诀曰："王行，度道里会遇之礼毕[23]，还，不过三十日。三十日不还，则请立太子为王，以绝秦望。"王许之。遂与秦王会渑池。

秦王饮酒酣，曰："寡人窃闻赵王好音，请奏瑟。"赵王鼓瑟。秦御史前书曰："某年月日，秦王与赵王会饮，令赵王鼓瑟。"蔺相如前曰："赵王窃闻秦王善为秦声，请奉盆缶秦王，以相娱乐。"秦王怒，不许。于是相如前进缶，因跪请秦王。秦王不肯击缶。相如曰："五步之内，相如请得以颈血溅大王矣！"左右欲刃相如，相如张目叱之，左右皆靡。于是秦王不怿㉔，为一击缶。相如顾召赵御史书曰："某年月日，秦王为赵王击缶。"秦之群臣曰："请以赵十五城为秦王寿。"蔺相如亦曰："请以秦之咸阳为赵王寿。"

秦王竟酒，终不能加胜于赵。赵亦盛设兵以待秦，秦不敢动。

既罢归国，以相如功大，拜为上卿，位在廉颇之右㉕。

廉颇曰："我为赵将，有攻城野战之大功，而蔺相如徒以口舌为劳，而位居我上，且相如素贱人，吾羞，不忍为之下！"宣言曰："我见相如，必辱之。"相如闻，不肯与会。相如每朝时，常称病，不欲与廉颇争列。已而相如出，望见廉颇，相如引车避匿。

于是舍人相与谏曰："臣所以去亲戚而事君者，徒慕君之高义也。今君与廉颇同列，廉君宣恶言而君畏匿之，恐惧殊甚，且庸人尚羞之，况于将相乎？臣等不肖，请辞去。"蔺相如固止之，曰："公之视廉将军孰与秦王？"曰："不若也。"相如曰："夫以秦王之威，而相如廷叱之，辱其群臣。相如虽驽，独畏廉将军哉？顾吾念之，强秦之所以不敢加兵于赵者，徒以吾两人在也。今两虎共斗，其势不俱生。吾所以为此者，以先国家之急而后私仇也。"

廉颇闻之，肉袒负荆，因㉖宾客至蔺相如门谢罪，曰："鄙贱

> **大琴老师：**
> 有人认为蔺相如"徒以口舌为劳"，确实没法让赵王在渑池之会中全身而退。请结合选文说说你的看法。

之人，不知将军宽之至此也！"

卒相与欢，为刎颈之交㉑。

（选自《史记》）

大琴老师：

廉颇与蔺相如解开矛盾，变成了生死之交，除了因为有"先国家之急而后私仇也"的共同追求，还有什么原因？

读者留言：

【注释】

①赵宦者令缪贤舍人：赵国宦官首领缪贤的门客。

②和氏璧：战国时著名的玉璧，用楚人卞和发现的一块宝玉雕琢而成的璧。

③遗（wèi）：赠送。

④易：交换。

⑤境：指赵国的边境。

⑥肉袒伏斧质：赤身伏在斧质上，表示请罪。肉袒，把上身袒露出来。质，杀人时作垫用的砧板。

⑦不（fǒu）：通"否"。

⑧曲：理屈，理亏。

⑨奉：捧着。

⑩却立：倒退几步立定。

⑪见臣列观（guàn）：在一般的宫殿接见我，意思是不在正殿接见，礼数轻慢。列观，一般的宫殿，这里指章台。

⑫睨（nì）：斜视

⑬辞谢：婉言道歉。

⑭固请：坚决请求（相如不要以璧击柱）。

⑮有司：官吏的通称。古代设官分职，各有专司，所以称官吏为"有司"。

⑯案图：察看地图。案，通"按"，审察，察看。

⑰广成传（zhuàn）：宾馆名。传，传舍，宾馆。

⑱衣（yì）褐：穿着粗麻布衣，指化装成平民百姓。

⑲间（jiàn）：抄小路。

⑳就汤镬（huò）：受汤镬之刑。汤，沸水。镬，大锅。

㉑孰：通"熟"，仔细。

㉒相视而嘻：面面相觑，发出无可奈何的声音。

㉓度（duó）道里会遇之礼毕：估算前往渑池的路程和会见的礼节完毕。道里，路程。

㉔怿（yì）：喜悦，高兴。

㉕右：古人常以右为尊，这里指上位。

㉖因：通过。

㉗刎颈之交：指能够共患难、同生死的朋友。刎颈，杀头。

【小课堂】什么是"通假字"？

在古代汉语中，有些字会因为发音相同或相近，而被作者抓过来充当临时工，代替另一个字使用。这样的字被称为"通假字"。例如，在这篇选文中，"不""案""孰"分别是"否""按"和"熟"

的通假字。通假字往往没有本字的意思,只跟本字读音相近,由于时代背景、地域差异、语音变化等原因,不同文献、书籍、碑刻会使用不同的通假字,读者需要根据上下文和语境进行理解。

奏响和谐的旋律

【见微知著】

面对强大的秦王,蔺相如宁折不辱;面对廉颇的挑衅,蔺相如引车退避。他不仅维护了国家的尊严,也收获了和谐美好的人际关系。这虽然是篇列传,但蔺相如却被施以浓墨重彩。蔺相如的人物塑造,实则是司马迁自我身世遭遇及理想追求的投射。在司马迁看来,人生价值的大小在于是否有益于国家、社会,所以在遭遇腐刑的极端侮辱后,他仍然坚持修史著书。对于司马迁和蔺相如而言,豁达宽容不仅是品质修养和人际交往方式,更是不计较个人得失、在更高层次的理想追求中实现生命价值的人生态度。

【叩门引路】 老舍在《我的理想家庭》中用细腻的笔触描绘出了理想家庭的具体样子,王本道的《小巷幽幽》用优美的语言讲述了平凡生活中的一对夫妻相互扶持的故事,丰子恺的《给我的孩子们》用独特的视角向我们展示了父亲对于孩子们的期望、关心和教诲,肖复兴的《独草莓》用真挚的情感叙写了一段姐弟情深的真实经历。让我们一起去阅读这四篇经典散文,看一看在家庭生活中,夫妻之间、父母与子女之间、兄弟姐妹之间应该如何相处。

人们的协奏

永远的亲情

我的理想家庭

现代 老舍

  我的理想家庭要有七间小平房:一间是客厅,古玩字画全非必要,只要几张很舒服宽松的椅子,一二小桌。一间书房,书籍不少,不管什么头版与古本,而都是我所爱读的。一张书桌,桌面是中国漆的,放上热茶杯不至烫成个圆白印;文具不讲究,可是都很好用。桌上老有一两枝鲜花,插在小瓶里。两间卧室,我独据一间,没有臭虫,而有一张极大极软的床。在这个床上,横睡直睡都可以,不论怎睡都一躺下就舒服合适,好像陷在棉花堆里,一点也不硬碰骨头。还有一间,是预备给客人住的。此外是一间厨房,一个厕所,没有下房,因为根本不预备用仆人。家中不要电话，不要播音机，不要留声机，不要麻将牌，不要风扇，不要保险柜。缺乏的东西本来很多，不过这几项是故意不要的，有人白送给我也不要。

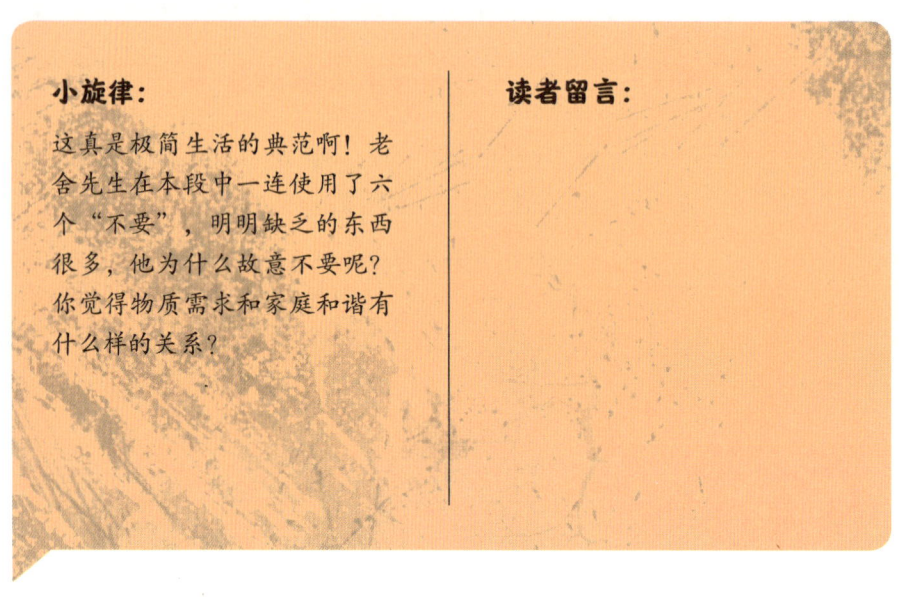

小旋律：
这真是极简生活的典范啊！老舍先生在本段中一连使用了六个"不要"，明明缺乏的东西很多，他为什么故意不要呢？你觉得物质需求和家庭和谐有什么样的关系？

读者留言：

院子必须很大，靠墙有几株小果木树。除了一块长方的土地，平坦无草，足够打开太极拳的，其他的地方就都种着花草——没有一种珍贵费事的，只求昌茂多花。屋中至少有一只花猫，院中至少也有一两盆金鱼；小树上悬着小笼，二三绿蝈蝈随意地鸣着。

这就该说到人了。屋子不多，又不要仆人，人口自然不能很多：一妻和一儿一女就正合适。先生管擦地板与玻璃，打扫院子，收拾花木，给鱼换水，给蝈蝈一两块绿黄瓜或几个毛豆；并管上街送信买书等事宜。太太管做饭，女儿任助手——顶好是十二三岁，不准小也不准大，老是十二三岁。儿子顶好是三岁，既会讲话，又胖胖的会淘气。母女于做饭之外，就做点针线，看小弟弟。大件衣服拿到外边去洗，小件的随时自己涮一涮。

> **小音符：**
> 家庭成员之间的分工和互动真的很重要，只有相互尊重、理解和支持，才能够营造出温馨、和谐的家庭氛围。

> **大琴老师：**
> 如果让你给自己的家庭成员分工，你会怎么分？用自己的语言把你心目中家庭成员间分工合作、有趣互动的场景描述出来。

既然有这么多工作，自然就没有多少工夫去听戏看电影。不过在过生日的时候，全家就出去玩半天；接一位亲或友的老太太给看家。过生日什么的永远不请客受礼，亲友家送来的红白帖子，就一概扔在字纸篓里，除非那真需要帮助的，才送一些干礼去。到过节过年的时候，吃食从丰，而且可以买一通纸牌，大家打打"索儿胡"，赌铁蚕豆或花生米。

男的没有固定的职业；只是每天写点诗或小说，每千字卖上四五十元钱。女的也没事做，除了家务就读些书。儿女永不上学，由父母教给画图，唱歌，跳舞——乱蹦也算一种舞法——和文字，手工之类。等到他们长大，或者也会仗着绘画或写文章卖一点钱吃饭；不过这是后话，顶好暂且不提。

这一家子人，因为吃得简单干净，而一天到晚又不闲着，所以身体都很不坏。因为身体好，所以没有肝火，大家都不爱闹脾气。除了为小猫上房，金鱼甩子等事着急之外，谁也不急叱白脸的。

大家的相貌也都很体面，不令人望而生厌。衣服可并不讲究，都做得很结实朴素；永远不穿又臭又硬的皮鞋。男的很体面，可不露电影明星气；女的很健美，可不红唇卷毛的鼻子朝着天。孩子们都不卷着舌头说话，淘气而不讨厌。

　　这个家庭顶好是在北平，其次是成都或青岛，至坏也得在苏州。无论怎样吧，反正必须在中国，因为中国是顶文明顶平安的国家；理想的家庭必在理想的国家内也。

小音符：

结尾描绘"理想家庭"应该位于哪座城市时，使用了"顶好""其次""至坏"几个词语。作者又笔锋陡转，把"家庭"和"国家"结合起来，并接连使用了两个"必"字，颇有意味。

大琴老师：

为凸显某种感情或某种行为，连续两次以上使用同一字或词语，可以达到强调的目的。《我的理想家庭》发表于1936年，此时中国正处于战火纷飞，内忧外患之际。正所谓覆巢之下，安有完卵？联系创作背景，你认为作者反复使用"必"一字，想要强调什么情感呢？

小巷幽幽

当代 王本道

碧水泱泱的辽河从城中穿过，河的两岸是城市的南北两区。南区是新城区，大道通衢（qú，四通八达的道路），楼宇林立。北区是老城区，变化不大。紧邻辽河右岸大堤不远，有一处不成格局的平房区。那里的房屋高矮不等，样式各异，有尖顶、"北京平"，还有用红砖、油毡搭建的简易房，看上去足有百余户人家。巷路很窄，两辆自行车迎面驶来，骑车的人都要小心翼翼用手搂着车闸。路面年久失修，坑坑洼洼裸露着砂砾。每天，小巷两旁的人家都起得很早，打开院门忙着各自的事情，日复一日。

> **大琴老师：**
> 标题是文章的"眼睛"，好的标题在文中起着"画龙点睛"的作用。本文原题为"陋巷"，后改为"小巷幽幽"。读完文章，说说你更喜欢哪个标题，为什么？

> **大琴老师：**
> 作者开头交代环境和背景时，先带读者俯视整个城市，参观了日新月异的新城区，再来看变化不大的老城区陋巷。读完全文，试着说说作者的用意。

巷口偏南处有一幢东西狭长的院落，入夏后小叶杨树探出墙头，在晨风中低声细语。院子里是几间低矮老旧的平房，木框玻璃窗擦拭得光洁可鉴。房前屋后虽很狭窄，却栽种着菠菜、白菜、小葱等应季菜蔬，窗台上摆满了不知名的草花，温馨恬静。再往深处看，里院堆满废旧物品，一捆捆旧纸板、报纸、玻璃瓶、塑料瓶、易拉罐摆放得井然有序。一对年轻夫妻正忙活着分类包装旧物。早上五点多，男的蹬着三轮车走街串巷收废品，晚上抹黑才回；女的在家里分拣整理废品。清晨丈夫外出，妻子总要倚着院门目送他骑上三轮车。暮色降临，巷子里一片漆黑，小院门楣上总有一盏奶黄色的门灯亮着，给丈夫照着归家的路。

春夏之交的一天，外面狂风暴雨，小巷里忽然断电。妻子将整理好的废品苫（shàn，用席、布等遮盖）上防雨布，开始担心丈夫归家途中是否会淋着雨，道路是否湿滑。忽然想起去年丈夫收废品时收到一只从前乡下人用的"马灯"，既防风又防雨，赶忙找了出来，又到邻家要了点柴油，麻利地做好灯捻，点亮后挂在了院门上。疾风暴雨之中，那晃动摇曳的灯光，温情脉脉，给雨中归来的丈夫带去了无尽的力量。

小音符：

"温情脉脉"一词将"灯光"人格化，渲染了灯光的温暖，并与"疾风暴雨"形成对比，写出了爱的力量。

大琴老师：

我仿佛看到了灯光下焦急期盼丈夫归来的妻子。灯光照亮了丈夫归家的路，也温暖了丈夫归家的心。丈夫是妻子的依靠，妻子是丈夫的牵绊。

据说这个平房区曾是十分光鲜的地段，四十多年过去，逐渐成了外来务工者聚居的地方。木匠、瓦匠、油漆匠、水暖工、房屋维修工等无所不有，做各种小食品、小生意的人更是不可胜数。

大家亲密无间，见难相帮，每家的小院和陋室都整修得有条不紊，窗明几净，门前即便有一寸土地，也要栽上几棵葱，种上几棵倭瓜、葫芦。晚饭后的光景和美闲适，有的漫步小巷，有的聚众下棋、打扑克，有的扎堆侃大山，也有小情侣专拣犄角旮旯说些亲热话。巷中央有位老大嫂常把一架老式缝纫机搬出家门，支起太阳伞做些缝缝补补的活，扦个裤脚、换个拉链只收一两块钱。有人忘记带零钱，露出尴尬的笑脸，大嫂也只是一挥手："远亲不如近邻，这点小事算个啥呀！"

高考的第一天，清晨我照例沿小巷走向辽河右岸大堤。路过一家门前，见一对中年夫妇正忙着往外搬东西。门前停放着一个用三轮车改装成的工作间，装有各种炊具和餐饮作料。这两位是做家乡特色小吃"六合饼"的，天不亮就将六种杂粮磨成的面和好，赶着去早市边烙边卖，生意很是红火。此时，一个姑娘也在一旁帮着装车。姑娘看起来十八九岁的样子，齐颈短发，眉目清秀，穿着高中校服。女主人搭着话："姑娘今天就要去考大学了，我俩又不能耽误生意去陪她，大家都特意早起了一会。"一会儿工夫，夫妇俩装好车准备出发，小姑娘道："爸妈慢走啊，晚上听我的好消息。"车上的女人拉着女孩的手连声说："闺女放宽心，不管考出啥样的结果，爸妈都满意！"

> **小旋律：**
> 我们的成长是父母最大的安慰，父母的爱意和包容是我们不惧风雨、勇敢前行的持久动力。

太阳渐渐升高，微风送来阵阵野花、青草、河水混杂的馨香。这十里长堤旁的小巷虽简陋狭窄，每天演绎着的却是俗世间最美的画卷。小巷里的人，日子过得不算富裕，各有许多困难和曲折，但是他们心中都充溢着温暖和爱，于是，眼前便总有一分明媚与妖娆。

给我的孩子们

现当代 丰子恺

我的孩子们！我憧憬于你们的生活，每天不止一次！我想委屈地说出来，使你们自己晓得。可惜到你们懂得我的话的意思的时候，你们将不复是可以使我憧憬的人了。这是何等可悲哀的事啊！

瞻瞻！你尤其可佩服。你是身心全部公开的真人。你什么事体都像拼命地用全副精力去对付。小小的失意，像花生米翻落地了，自己嚼了舌头了，小猫不肯吃糕了，你都要哭得嘴唇翻白，昏去一两分钟。外婆普陀去烧香买回来给你的泥人，你何等鞠躬尽瘁地抱它、喂它；有一天你自己失手把它打破了，你的号哭的悲哀，比大人们的破产、失恋、broken heart（心碎）、丧考妣（死了父母；妣，bǐ）、全军覆没的悲哀都要真切。两把芭蕉扇做的脚踏车，麻雀牌堆成的火车、汽车，你何等认真地看待，挺直了嗓子叫"汪——""咕咕咕……"来代替汽笛。宝姊姊讲故事给你听，说到"月亮姊姊挂下一只篮来，宝姊姊坐在篮里吊了上去，瞻瞻在下面看"的时候，你何等激昂地同她争，说"瞻瞻要上去，宝姊姊在下面看！"甚至哭到漫姑（作者的三姐）面前去求审判。我每次剃了头，你真心地疑我变了和尚，好几时不要我抱。最是今年夏天，你坐在我膝上发现了我腋下的长毛，当作黄鼠狼的

> **大琴老师：**
> 丰子恺为什么会憧憬孩子们的生活呢？请你读完选文再说一说原因。

奏响和谐的旋律

时候，你何等伤心，你立刻从我身上爬下去，起初眼睁睁地对我端详，继而大失所望地号哭，看看，哭哭，如同对被判定了死罪的亲友一样。你要我抱你到车站里去，多多益善地要买香蕉，满满地擒了两手回来，回到门口时你已经熟睡在我的肩上，手里的香蕉不知落在哪里去了。这是何等可佩服的真率、自然与热情！大人间的所谓"沉默""含蓄""深刻"的美德，比起你来，全是不自然的、病的、伪的！

> **大琴老师：**
> 采用第一人称"我"进行叙述，便于直抒胸臆，给人以真实感；采用第二人称"你""你们"叙述，便于交流感情，给人以亲切感；采用第三人称"他""他们"叙述，不受时空限制，更加自由灵活。本文使用了第一人称和第二人称来写作，这样写有什么好处？

你们每天做火车、做汽车、办酒、请菩萨、堆六面画、唱歌，全是自动的、创造创作的生活。大人们的呼号"归自然！""生活的艺术化！""劳动的艺术化！"在你们面前真是出丑得很了！依样画几笔画，写几篇文的人称为艺术家、创作家，对你们更要愧死！

你们的创作力，比大人真是强盛得多哩：瞻瞻！你的身体不及椅子的一半，却常常要搬动它，与它一同翻倒在地上；你又要把一杯茶横转来藏在抽斗里，要皮球停在壁上，要拉住火车的尾巴，要月亮出来，要天停止下雨。在这等小小的事件中，明明表示着你们的小弱的体力与智力不足以应付强盛的创作欲、表现欲的驱使，因而遭逢失败。然而你们是不受大自然的支配，不受人类社会的束缚的创造者，所以你们的遭逢失败，例如火车尾巴拉不住，月亮呼不出来的时候，你们决不承认是事实的不可能，总以为是爸爸妈妈不肯帮你们办到,同不许你们弄自鸣钟同例,所以愤愤地哭了,你们的世界何等广大!

你们一定想:终天无聊地伏在案上弄笔的爸爸,终天闷闷地坐在窗下弄引线的妈妈,是何等无气性的奇怪的动物!你们所视为奇怪动物的我与你们的母亲,有时确实难为了你们,摧残了你们,回想起来,真是不安心得很!

> **大琴老师:**
> 曾国藩在《诫子书》中写过"慎独则心安",意思是做事不独断,时刻自省,则心安。文中丰子恺先生的"不安心"正是对自我教育方式的反思。父母善于反思,就会懂得用爱和包容接纳孩子;孩子善于反思,就会理解父母的良苦用心。"双向反思"更容易成就和谐的亲子关系。请你尝试和父母坐在一起,共同反思你们在相处过程中存在的问题。

阿宝!有一晚你拿软软的新鞋子,和自己脚上脱下来的鞋子,给凳子的脚穿了,划(chǎn,同"铲")袜立在地上,得意地叫"阿宝两只脚,凳子四只脚"的时候,你母亲喊着"龌龊了袜子!"立刻擒你到藤榻上,动手毁坏你的创作。当你蹲在榻上注视你母亲动手毁坏的时候,你的小心里一定感到"母亲这种人,何等煞风景而野蛮"吧!

瞻瞻!有一天开明书店送了几册新出版的毛边的《音乐入门》来。我用小刀把书页一张一张地裁开来,你侧着头,站在桌边默默地看。后来我从学校回来,你已经在我的书架上拿了一本连史纸印的中国装的《楚辞》,把它裁破了十几页,得意地对我说:"爸爸!瞻瞻也会裁了!"瞻瞻!这在你原是何等成功的欢喜,何等得意的作品!却被我一个惊骇的"哼!"字喊得你哭了。那时候你也一定抱怨"爸爸何等不明"吧!

软软!你常常要弄我的长锋羊毫,我看见了总是无情地夺脱

你。现在你一定轻视我,想道:"你终于要我画你的画集的封面!"(《子恺画集》的封面是软软所作)

最不安心的,是有时我还要拉一个你们所最怕的陆露沙医生来,教他用他的大手来摸你们的肚子,甚至用刀来在你们臂上割几下,还要教妈妈和漫姑擒住了你们的手脚,捏住了你们的鼻子,把很苦的水灌到你们的嘴里去。这在你们一定认为是太无人道的野蛮举动吧!

孩子们!你们果真抱怨我,我倒欢喜;到你们的抱怨变为感激的时候,我的悲哀来了!

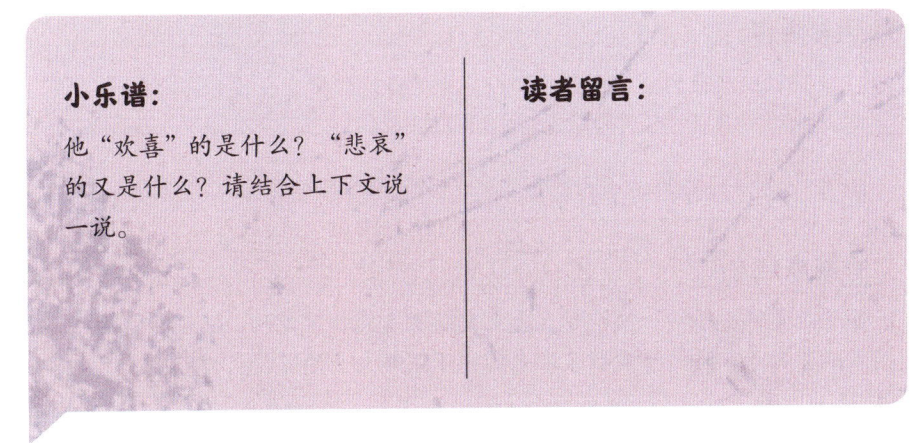

我在世间,永没有逢到像你们这样出肺肝相示的人。世间的人群结合,永没有像你们样的彻底的真实而纯洁。最是我到上海去干了无聊的所谓"事"回来,或者去同不相干的人们做了叫作"上课"的一种把戏回来,你们在门口或车站旁等我的时候,我心中何等惭愧又欢喜!惭愧我为什么去做这等无聊的事,欢喜我又得暂时放怀一切地加入你们的真生活的团体。

但是,你们的黄金时代有限,现实终于要暴露的。这是我经验过来的情形,也是大人们谁都经验过的情形。我眼看见儿时的伴侣中的英雄、好汉,一个个退缩、顺从、妥协、屈服起来,到像绵羊的地步。我自己也是如此。"后之视今，亦犹今之视昔"（出自王羲之《兰亭集序》，意思是后人看待今人，也就像今人看待前人），你们不久也要走这条路呢！

我的孩子们！憧憬于你们的生活的我，痴心要为你们永远挽留这黄金时代在这册子里。然这真不过像"蜘蛛网落花"，略微保留一点春的痕迹而已。且到你们懂得我这片心情的时候，你们早已不是这样的人，我的画在世间已无可印证了！这是何等可悲哀的事啊！

大琴老师：
丰子恺是好父亲的典范，请你们以他为例说说好父亲应该具备的条件。

小旋律：
丰子恺觉得孩子的一举一动，甚至哭闹都是天真可爱的，是因为他由衷地爱孩子。我觉得爱孩子本来的样子是好父亲的首要条件。

小乐谱：
他善于反思，能站在孩子的角度自我检讨，具有很强的平等意识。

小音符： 他尊重孩子们的个性，能看到每个孩子的闪光点。

奏响和谐的旋律

【小课堂】丰子恺和他的漫画

丰子恺（1898年~1975年），原名丰润，号子觊，中国现当代散文家、书画家。《给我的孩子们》是他为《子恺画集》创作的代序，文中记叙的内容正是画集的内容。丰子恺漫画多取材日常生活。他特别喜爱儿童题材，他画放鞭炮、玩气球、过家家、看蚂蚁搬家等孩子生活的点滴。因为孩子们喜欢猫，所以猫也是他漫画里常出现的角色，比如《阿咪》《白象及其五子》。他的漫画朴素简洁、诙谐幽默，充满童真，所配诗文洗练含蓄、趣味横生，是沟通文学与绘画的一座桥梁。

独草莓

当代 肖复兴

    姐姐家在呼和浩特，她住一楼，房前有块空地，种着一株香椿树、一株杏树和一株苹果树。退休之后，姐姐把这块空地开辟成了菜园。翻土，播种，浇水，施肥……每天乐此不疲。姐姐一辈子在铁路局工作，年年的劳动模范，局里新盖了高层楼，分她新房，面积多出三十多平方米。她不去，舍不得她的这片菜园。孩子们都说她，如今，一平方米房子值多少钱？你那破菜园能值几个钱？却谁也拗不过她，只好随了她。

    我已经好多年没有见到姐姐了。今年，是姐姐的八十大寿，说什么也要来看看姐姐。想想六十三年前，1952年，姐姐不到18岁，只身一人来到内蒙古，修新建的京包线铁路。那时候，我才5岁，弟弟2岁，母亲突然逝去，姐姐是为了帮助父亲扛起家庭生活的担子，才选择来到了塞外。姐姐每月往家里寄20元钱，一直寄到我21岁到北大荒插队。那时候，姐姐每月的工资才有

> **大琴老师：**
>
> 插叙是作者在叙述中心事件的过程中，暂时中断叙述线索，插入一段与中心事件相关的回忆或故事，对中心事件进行必要的铺垫、照应、补充或说明。作者以插叙方式回忆姐姐多年前到塞外插队的情景，对表现人物性格、表达文章主题起到了什么作用？

几十元钱呀。姐姐说起当年她要来内蒙古前离开家时，我和弟弟舍不得她走，抱着她的大腿哭的情景，仿佛岁月没有流逝，一切都恍若目前。

来到姐姐家，先看姐姐的菜园。菜园不大，却是她的天堂，那里种着她的宝贝。特别是姐夫前几年病逝之后，那里更是她打发时光消除寂寞的好场所。菜园被姐姐收拾得井井有条。丝瓜扁豆满架，窝瓜满地爬，小葱棵棵似剑，韭菜根根如阵，西红柿、黄瓜和青椒，在架子上红的红，青的青，弯的弯，尖的尖……忍不住想起中学里学过吴伯箫的课文《菜园小记》里说的，真的是姹紫嫣红。这么多的菜，吃不完，送给邻居，成为姐姐最开心的事情。

菜园旁，立着一个大水缸，每天洗米洗菜的水，姐姐从厨房里一桶一桶拎出来，穿过客厅和阳台，走进菜园，把水倒进水缸，备用浇菜。节省一辈子的姐姐，常被孩子们嘲笑，而且，劝她说现在菜好买，什么菜都有，就别整天忙乎这个了，好好养老不好吗？姐姐会说，劳动一辈子了，不干点儿活儿难受。想想，在风沙弥漫的京包铁路线上餐风饮露，这是她念了一辈子的经文，笃信难舍。再想想，人老了，其实不是享清闲，而是怕闲着，能有点儿事干，而且，这事干着又是快乐的，便是养老的最好境界了。姐姐种的那些菜，便有她自己的心情浸透，有她往事的回忆，是孩子都上班上学去之后孤独时的伙伴，她可以一边侍弄着它们，一边和它们说说话。

夸她的菜园，就像夸她的孩子一样的高兴。我对她的菜园赞不绝口。姐姐指着菜园前面绿葱葱的植物，我没认出是什么。她对我说，这里原来种的是生菜和小水萝卜，今年闹虫子，我把它们都给拔了，改种了草莓。不知怎么弄的，也可能是我不会种这玩意儿，你看，一春天都过去了，只结了一个草莓。

我跟着她走过去,俯下身子仔细看,才看见偌大的草莓丛中,果然只有一颗草莓,个头不大,颜色却很红,小小的红宝石一样,孤独地藏在叶子下面,好像害羞似的怕人看见。

孩子们看着它好玩,都想摘了吃,我没让摘,姐姐说。我问她,干吗不摘,时间久,回头再烂了,多可惜。姐姐笑着说,我心里盼望着有这么一个伴儿在这儿等着,兴许还能再结几个草莓!

小音符:
作者同时用了比喻和拟人的修辞手法,生动形象地写出了草莓"个头不大"和"颜色却很红"的特点,突出了这颗独草莓的诱人和珍贵。

相见时难别亦难,和姐姐分手的日子到了,离开呼和浩特回北京的前一天晚上,姐姐蒸的米饭,我炒的香椿鸡蛋,做的西红柿汤,菜都来自姐姐的菜园。晚饭后,姐姐出屋去了一趟菜园,然后又去了一趟厨房,背着手,笑眯眯地走到我的面前,像变戏法一样,还没等我猜,就伸出手张开来让我看,原来是那颗草莓。你尝尝,看味儿怎么样?姐姐对我说。

我接过草莓,小小的,鲜红鲜红的,还沾着刚刚冲洗过的水珠儿,真不忍心下嘴吃。姐姐催促着,快尝尝!我尝了一口,真甜,更难得的是,有一股在市场买的和采摘园里摘的少有的草莓味儿。这是一种久违的味儿。

小音符:
"久违的味儿"既指少有的草莓味道,又指阔别多年再团聚的姐姐的"爱的味道"。

大琴老师：

生活中总有一些"味道"让人印象深刻，给人带来温暖和力量。你的记忆中有没有一种难以忘怀的味道呢？请你尝试用语言描述出来。

读者留言：

人们的协奏

【见微知著】

老舍笔下的理想家庭简单、健康、温馨，表达了中国人在磨难中对正常安宁的家庭生活的期待；王本道笔下幽幽小巷中的普通人家，虽然并不富足，但家人之间彼此牵挂，相互支持，让我们感受到了家庭生活的岁月静好；丰子恺没有限制孩子的天性，尊重理解他们，让我们体验到亲子关系的其乐融融；姐姐宠爱弟弟，甘于牺牲和付出，弟弟对姐姐持久地依恋与爱戴，肖复兴笔下的《独草莓》让我们品味到温情脉脉的手足之情。家是温暖的港湾，家庭和谐有很多种表现，比如夫妻和睦，尊老爱幼，兄友弟恭……怎么做才能拥有和谐的家庭关系？"双向奔赴"也许是最关键的一环。

【叩门引路】剧作家曹禺比画家黄永玉年长 14 岁，两人亦师亦友。曹禺年少成名，31 岁前就创作出了《雷雨》《日出》《原野》《北京人》等一系列能够代表中国现代话剧的高水平作品。黄永玉极敬重曹禺，喜欢甚至能背诵他的剧作，却在 1983 年写了一封信，毫不客气地批评了曹禺，指出当时的曹禺被势位所误导以致作品缺少生命力。当你误入歧途时，真正的朋友会怎样做？面对毫不客气又心怀善意的批评，你又应该如何回应？黄永玉与曹禺的通信带你领略别样的友谊。

黄永玉和曹禺的通信

现当代 黄永玉 曹禺

家宝公：

　　来信收到。我们从故乡回京刚十天，过一周左右又得去香港两个月，约莫六月间才转得来，事情倒不俗，只可惜空耗了时光。

　　……………

　　在纽约，我在阿瑟·米勒家住过几天，他刚写一个新戏《美国时间》，我跟他上排练场去看他边排边改剧本，那种活跃，那种严肃，简直像鸡汤那么养人。他和他老婆，一位了不起的摄影家，轮流开车走很远的公路回到家里，然后一起在他们的森林中伐木，砍成柴。米勒开拖拉机把我们跟柴一起拉回来。两三吨的柴啊！我们坐在米勒自己做的木凳、饭桌边吃饭。我觉得他全身心的细胞都在活跃。因此，他的戏不管成败，都充满生命力。你说怪不怪：那时我想到你，挂念你，如果写成台词，那就是："我们也有个曹禺！"但我的潜台词却是你多么需要他那点草莽精神。

你是我极尊敬的前辈，所以我对你要严！我不喜欢你解放后的戏，一个也不喜欢。你心不在戏里，你失去伟大的灵通宝玉，你为势位所误！从一个海洋萎缩为一条小溪流，你泥溷（hùn）在不情愿的艺术创作中，像晚上喝了浓茶清醒于混沌之中。命题不巩固，不缜密，演绎、分析得也不透彻。过去数不尽的精妙的休止符、节拍、冷热、快慢的安排，那一箩一筐的隽语都消失了。

> **大琴老师：**
> 用具体可感的浅显道理或事物来描绘相对抽象深奥的道理或事物，也就是所谓的"举他物而以明之也"。比如，"逝者如斯夫，不舍昼夜"，将看不见的时间比作眼前看得见的流水，时间就可视了，时间的迅速变化也就可感了。请你试着从化抽象为具体的角度来体会"灵通宝玉"和"喝了浓茶"这两个比喻句。

谁也不说不好。总是"高！""好！"这些称颂虽迷惑不了你，但混乱了你，作践了你。写到这里，不禁想起莎翁《麦克白》中的一句话："醒来啊，麦克白，把沉睡赶走！"

你知道，我爱祖国，所以爱你。你是我那一时代现实极了的高山，我不对你说老实话，就不配你给予我的友谊。

如果能使你再写出二十个剧本需要出点力气的话，你差遣就是！艾吕雅有两句诗，诗曰："心在树上，你摘就是！"

信，快写完了，回头一看，好像在毁谤你，有点不安了。放两天，想想看该不该寄给你。

祝你和夫人一切都好！

晚 黄永玉 谨上

三月二十日

我还想到,有一天为你的新作设计舞台。

永玉 又及

我还想贡献给你一些杂七杂八的故事,看能不能弄出点什么来!

永玉 又及

十多天后,收到黄永玉信的曹禺,恭敬地把这封信装裱、收藏起来,并从上海给黄永玉写了封坦诚的回信。

两位艺术大师的精神境界,至此完美体现。

永玉大师:

收到你的信,好像一个一无所有的穷人突然从神女手里得到不可计数的珍宝,我反复地看,唤出我的妻女一同看,一块儿惊奇上天会给人——毫无预感地给了我这样丰满、美好、深厚、诚挚的感情。

……………

你鼓励了我,你指责我近三十年的空洞,"泥溷在不情愿的艺术创作中"。这句话射中了要害,我浪费"成熟的中年"到了今日——这个年纪,才开始明白。

你提到我那几年的剧本,"命题不巩固,不缜密,演绎、分析得也不透彻",是你这样理解心灵的大艺术家,才说得这样准确,这样精到。我现在正在写一个剧本,它还泥陷于几十年前的旧烂坑里,写得太实也陈腐,仿佛只知沿着老道跋涉,不知回头是岸,岸上有多少新鲜的大路可走。你叫我:"醒来啊,把沉睡赶走!"

我一定!但我仍在蒙眬半醒中,心里又很清楚我迷了道,但愿迷途未远,我还有时间能追回已逝的光阴。天下没有比到了暮年才发现走了太多的弯道,更可痛心的。然而指出来了就明白了,便也宽了心,觉得还有一段长路要赶,只有振作起来再写多少年报答你和许多真诚的朋友对我指点的恩德。永玉,你是一个突出的朋友,我们相慕甚久,但真见面谈心,不过两次。后一次还有别的朋友似乎在闲聊,我能得你这般坦率、真诚的言语是我的幸福,更使我快乐的是我竟然在如此仓促的机遇中得到你这样的诚真见人的友人。

大琴老师:

面对黄永玉的批评,曹禺虚心接受,真诚感激。《弟子规》中说"闻过怒,闻誉乐,损友来,益友却。闻誉恐,闻过欣,直谅士,渐相亲",意思是听到别人赞美自己就感到惶恐不安,听到别人指出自己的过错就欢喜接受,只有经常这样做,那些正直诚实的人,才会逐渐来亲近你,反之,有害的"朋友"就会接近你,有益的朋友就会离开你。你听到朋友对自己的批评时,会有什么反应呢?

读者留言:

　　你说我需要阿瑟·米勒的草莽精神,你说得对。他坚实,沉肃,亲切,又在他深厚的文化修养中时时透出一种倔强,不肯在尘俗中屈服的豪迈气概。

　　我时常觉得我顾虑太多,又难抛去,这已成了痼习,然如不下决心改变,所谓自小溪再汇为沧海是不可能的。

　　你像个火山,正在突突喷出白热的岩浆,我在你身边,是不会变冷的。你说要写二十个剧本,如果我真像你举出的那种巨人,我是会如数写出的。不过,有你在身旁督促我,经常提醒我,我将如你所说"不饶点滴,不饶自己"。

你的画,你的"常在夜晚完成的收获",世间有多少人在颂扬,用各种语言来赞美,"我再添什么是多余的",我更敬重的,我更喜欢的是你的人性,你的为人,你的聪敏才智、幽默感,你的艺术与文章,是少见的。但真使我惊服的是你经过多少年来的磨难与世俗的试探,你保持下你在"一个明亮的小窗口下"的纯朴与直率。

大约任何有天赋、有真正成就的人,必须有纯真和质朴,否则不可能成为一个伟大的艺术家。永玉,我是多么羡慕多么敬重你的朴实与坦率。你的真挚的热情使我惊异,使我感谢上天给人的多么可爱的赐予,多么可爱的品质。

我知道你不多,然即便那一次谈话,这一封长信,这一首长诗,我明白我现在想起的,是多么令人尊敬的一个人。

我终将有所求于你的。你引过的诗:"心在树上,你摘就是。"日后,我们会见面,我们将长谈,不仅是你说的"杂七杂八"的故事,更多谈谈你的一生,你的习惯、爱好,得意与失意,你的朋友、亲戚、师长、学生,你所厌恶的人,你所喜欢的人,你的苦难与欢乐。一句话,我多想知道你,明白你。当然,这要等你工作之余,你有兴致的时候。

我很想一直写下去,可我也感到自己唠叨了。

有一件事想告诉你,读了你的信,我告诉我的女儿和李玉茹到街上买一个大照相簿来。她们很快买到了,你的长信已经一页一页端正地放在照相簿里。现在我可以随时翻,在我疲乏时,在我偶尔失去信心时,我将在你的信里看见火辣辣的词句,它将促我拿起笔再写下去;在我想入歪道,又进入魔道,"为势位所误"时,我将清醒再写下去!

确实,我还有话可讲。我可以讲到半夜。但我的老婆说我不爱惜自己，刚病好，又扑在桌上写起没完了。

你的长信来时，我正上吐下泻，体虚气短。其实只是吃坏了。你的信给了我一股劲，我要活下去，健康地活下去，为了留下点东西给后代。但是目前这个剧本是庸俗的，可能下一个剧本要稍如意些。请问候你的夫人和那"两个年轻水手"，感谢你，我的朋友，我的永玉大师。

曹禺
一九八三年四月二日

【见微知著】

"相识满天下，知心能几人"，无论何时，我们总是渴望能有真心朋友的陪伴，好的朋友关系可以增强我们的幸福指数。建立和谐的朋友关系需要相互宽容与理解，面对矛盾和冲突胸怀大度，不计较；也需要"和而不同"，在你迷失自我时给你一个大大的"巴掌"。

【叩门引路】 当自身处于困厄之境,你还会耗损不多的体力去救助别人吗?一支试验队突遇沙尘暴被困受渴,在这样艰难的环境中,他们察觉可能有人需要援助,仍然毫不犹豫地选择伸出援手,却也收获了意外的惊喜。

天嚣

当代 赵长天

　　风,像浪一样,梗着头向钢架房冲撞。钢架房,便发疟疾般地一阵阵战栗、摇晃,像是随时都要散架。

大琴老师: 当你读到"梗着头向钢架房冲撞"有什么感受?

小音符: 我从这个拟人手法中感受到大自然的威力无穷。如果我是钢架屋里的人,在这样恐怖的氛围中,内心是多么无助!

　　渴!难忍难挨的渴,使人的思想退化得十分简单、十分原始。欲望,分解成最简单的元素:水!只要有一杯水,哪怕半杯,不,一口也好哇!

　　空气失去了气体的性质,像液体,厚重而凝滞。粉尘,被风化成的极细小的砂粒,从昏天黑地的旷野钻入小屋,在人的五脏六腑间自由遨游。它无情地和人体争夺着仅有的一点水分。

他躺着，喉头有梗阻感，他怀疑粉尘已经在食道结成硬块。会不会引起别的疾病，比如矽肺？但他懒得想下去。疾病的威胁，似乎已退得十分遥远。

他闭上眼，调整头部姿势，让左耳朵不受任何阻碍，他左耳听力比右耳强。

风声。丝毫没有减弱的趋势。

他仍然充满希望地倾听。

基地首长一定牵挂着这支小试验队，但无能为力。远隔一百公里，运水车不能出动，直升机无法起飞，在狂虐的大自然面前，人暂时还只能居于屈从的地位。

他不想再费劲去听了。目前最明智的，也许就是进入半昏迷状态，减少消耗，最大限度地保存体力。

于是，这间屋子，便沉入无生命状态……

忽然，处于混沌状态的他，像被雷电击中，浑身一震。一种声音！他转过头，他相信左耳的听觉，没错，滤去风声、沙声、钢架呻吟声、铁皮震颤声，还有一种虽然微弱，却执着，并带节奏的敲击声。

"有人敲门！"他喊起来。

遭雷击了，都遭雷击了，一个个全从床上跳起，跌跌撞撞，竟全扑到门口。

真真切切，有人敲门。谁？当然不可能是运水车，运水车会揿（qìn，按）喇叭。微弱的敲门声已经明白无误地告诉大家：不是来救他们的天神，而是需要他们援救的弱者。

小旋律：
文中"敲门声"一下就引起了我的期待，但很快又确定这不会是运水车，而是求助的人，此时的心理真是大起大落。

> **大琴老师：**
> 这里实际上是一处突转。突转，也称陡转、突变，指剧情向相反方面的突然变化，即由逆境转入顺境，或由顺境转入逆境。小说中的突转使情节波澜起伏，极大地调动着读者的阅读兴趣。

人的生命力，也许是最尖端的科研项目，远比上天的导弹玄秘。如果破门而入的是一队救援大军，屋里这几个人准兴奋得瘫倒在地。而此刻，个个都像喝足了人参汤。

"桌子上有资料没有？当心被风卷出去！"

"门别开得太大！"

"找根棍子撑住！"

每个人都找到了合适的位置，摆好了下死力的姿势。

他朝后看看。"开啦！"撤掉顶门棍，他慢慢移动门闩。

门闩吱吱叫着，痛苦地撤离自己的岗位。当门闩终于脱离了销眼，那门，便呼地弹开来，紧接着，从门外滚进灰扑扑一团什么东西和打得脸生疼的砂砾石块，屋里刹时一片混乱，像回到神话中的史前状态。

"快，关门！"他喊，却喊不出声。但不用喊，谁都调动了每个细胞的力量。

门终于关上了。一伙人，都顺门板滑到地上，瘫成一堆稀泥。

谁也不作声。谁也不想动。直到桌上亮起一盏暗淡的马灯，大家才记起滚进来的那团灰扑扑的东西。

是个人。马灯就是这人点亮的。穿着毡袍，说着谁也听不懂的蒙语。他知道别人听不懂，所以不多说，便动手解皮口袋。

西瓜！从皮口袋里滚出来，竟是大西瓜！绿生生，油津津，像是刚从藤上摘下，有一只还带着一片叶儿呢！

戈壁滩有好西瓜，西瓜能一直吃到冬天，这不稀罕。稀罕的是现在，当一口水都成了奢侈品的时候，谁还敢想西瓜！

蒙古族同胞利索地剖开西瓜。红红的汁水，顺着刀把滴滴答答淌，馋人极了！

应该是平生吃过的最甜最美的西瓜，但谁也说不出味来，谁都不知道，那几块西瓜是怎么落进肚子里去的。

至于送西瓜人是怎么冲破风沙，奇迹般地来到这里，最终也没弄清，因为谁也听不懂蒙语。只好让它成为一个美好的谜，永久地留在记忆里。

大琴老师：
小说以一个没有谜底的"美好的谜"结尾，打破了读者的心理预期，留下了更多想象和回味的空间。

人们的协奏

【见微知著】

试验队被困队员与素不相识的送瓜人之间的故事，让我们能深切感受到民族同胞之间互相帮助的真挚情谊。人与人之间的和谐相处往往来自心底的善意，一次善举也许就能成就一段美好的关系，建立和谐的民族关系需要我们坦诚相待，互相扶持，携手共进！

【叩门引路】和平稳定是和谐发展的前提,反思战争、回顾历史,能让人更好认识和平的珍贵。第二次世界大战日本侵略中国时的南京大屠杀不仅是中华民族的伤痛,也是人类历史上最值得反思的人道灾难之一——30多万无辜中国人被侵华日军残忍杀害。1937年12月暴行发生时,德国人约翰·拉贝正在南京任职,他和国际友人们经过多方努力建立起安全区,救助了20多万中国难民。其间,拉贝将自己在南京的亲身经历详细记录在日记中。他的日记是证实大屠杀存在的极其重要的第三方物证,但却因为种种原因没有被及时公开。美国华裔女作家、历史学家张纯如在《南京大屠杀》一书中记录了她调查拉贝下落、发现拉贝日记的过程。

发现拉贝日记

当代 张纯如

多年来,约翰·拉贝的生活对历史学家来说一直是个谜。在被召回德国之前,拉贝曾答应在南京的中国人,他回国后会将日本人的暴行公之于众,并争取与赫尔曼·戈林甚至希特勒会面。南京民众祈祷拉贝的报告能够促使纳粹领导人向日本政府施加压力,从而阻止这场大屠杀。拉贝离开之前,一位中国医生请拉贝转告德国人,中国人民是爱好和平的民族,希望与其他国家和谐相处。1938年2月,一连串挥泪饯行会之后,拉贝带着一套约翰·马吉拍摄的南京暴行的拷贝,启程返回德国。此后,拉贝便音信全无,几十年来,学者们对他的下落困惑不已。

……………

我有一条拉贝的重要线索:20世纪初他曾在汉堡当过学徒。也许他是在那里出生的,现在仍有家人在这座城市。我必须想办法与汉堡的某位关键人物取得联系。于是我向老友约翰·泰勒寻求帮助,他在华盛顿的国家档案馆工作了半个多世纪,几乎对世界上每位严肃的历史学家都有所了解,学者们称其为"国宝"。如果这个星球上有某位研究过"二战"期间在华德国人社区的专家,泰勒很可能知道他是谁。泰勒建议我联系加州芬代尔的历史学家查尔斯·伯迪克,伯迪克又建议我写信给汉堡的城市历史学家,他还将一位朋友玛莎·贝基曼的地址给我,并向我保证这是一位"可爱的女士",她不仅在汉堡有着良好的人缘,而且乐于助人。随后,我就给贝基曼写信,向她打听拉贝的情况。我还写信给汉堡发行量最大的报纸的编辑,希望他能为我的研究刊登一份寻人启事。我原以为他们不会立刻回信,于是先忙其他事情了。

令我惊讶的是,贝基曼立刻就给我回信了。经过一连串的巧合之后,她已经找到了拉贝的家人。"我很高兴能够帮助你,这并非难事。"她于1996年4月26日在给我的信中写道,"首先,我写信给巴伐利亚的帕斯特·穆勒牧师,他收集了所有曾居住在中国的德国人的下落。前几天,他打电话告诉我拉贝之子奥托·拉贝博士和拉贝之女玛格丽塔的名字。"贝基曼还在信中附了拉贝在柏林的外孙女赖因哈特写给我的一张便条。

从那时起,事情的进展非常顺利。我了解到赖因哈特出生在中国,她小时候甚至在南京陷落前几个月还去过这座城市,她是拉贝最喜爱的外孙女。令我感激的是,赖因哈特对我的研究助益良多,她给我写了许多长信。通过许多手稿、照片和新闻报道,赖因哈特提供了拉贝生平许多不为人知的细节。

> **小音符：** 面对各种繁琐的调查工作，张纯如真是不厌其烦。

> **大琴老师：**
> 这是从事纪实性写作所应有的尊重事实的基本态度。对历史真相的追寻必须用事实说话，事实表现为真实的人证、物证，确切的时间、地点、场景，确凿的数据，等等，都要我们去一一求证。

拉贝信守对中国人的承诺，向德国当局通报了日军在南京的恐怖暴行。……拉贝在柏林各地演讲并放映约翰·马吉拍摄的影片，向德国民众揭露了日军发动的南京大屠杀，他还在西门子公司、外交部、远东协会和陆军部的大批听众面前发表演讲，介绍南京大屠杀的情况。拉贝没有获得当面向希特勒汇报的机会，于是他于6月8日给元首寄去一封信，内附关于南京大屠杀的影片拷贝和一份打印报告。

如果拉贝曾指望获得希特勒支持他的回复，那就大错特错了。几天之后，两名盖世太保来到拉贝家中将他逮捕。当时赖因哈特也在场。那年她7岁，当时正在门口试穿一双新旱冰鞋，她看到两名官方模样的人身穿带有白色翻领的黑制服，

> **大琴老师：**
> 这段记录用被访者7岁时的孩童视角，还原了盖世太保逮捕拉贝时所带来的压迫和恐惧。

将拉贝带上车。"外祖父看起来非常窘迫，而且那两名男子表情严峻而冷漠，所以我都没敢上前同外祖父拥抱告别。"

拉贝在盖世太保总部被审问了好几个小时。直到他的雇主卡

尔·弗里德里希·冯·西蒙对其品行进行担保,并保证他不会再公开地谈论日本后,拉贝才被释放。盖世太保警告拉贝,不得再就南京大屠杀这一主题进行演讲、讨论或写作,尤其是不得再向任何人放映约翰·马吉拍摄的影片。拉贝获释后,西门子公司或许出于保护他的考虑,迅速将拉贝派往国外。接下来的几个月,拉贝在阿富汗工作,负责帮助滞留该国的德国公民经由土耳其撤离。10月,德国政府退还了拉贝的报告,但没收了约翰·马吉所拍影片的拷贝。(拉贝始终不知道希特勒是否看过那篇报告或影片,但今天他的家人确信希特勒看过。)德国政府告知拉贝,他的报告被送到了经济部,政府最高层官员已经读过,但他别指望德国会因此改变对日本的政策。

接下来的几年对拉贝来说犹如噩梦,他的公寓被炸毁,苏联对柏林的占领又使他们全家陷入贫困。……拉贝全家挤在一间狭小的屋子里,饥寒交迫,为购买大豆、面包和肥皂,拉贝不得不将他心爱的中国艺术品一件件卖给美军。营养不良导致拉贝患了皮肤病,而心理和精神上的折磨则几乎毁了他的健康。在南京他曾是一个传奇人物,而在德国他却挣扎在死亡线上。

……………

1948年,拉贝的困境传到中国。当南京市政府向市民宣布拉贝需要帮助时,引起了强烈反响,这让人不禁联想到弗兰克·卡普拉的经典电影《风云人物》的结尾。几天之内,南京大屠杀的幸存者就为拉贝募集了1亿元,相当于2000美元——这在1948年可不是小数目。同年3月,南京市市长抵达瑞士,在那里购买了大量奶粉、香肠、茶叶、咖啡、牛肉、黄油和果酱,装了四大包寄给拉贝。从1948年6月,直到中国人民解放军接管南京,南京市民每月都会为拉贝寄去一包食物,以表达对拉贝领导南京国际安全区委员会的衷心感谢。当时的国民党政府甚至表示，如果拉贝选择回中国的话，会为他提供免费住房和终身养老金。

对拉贝及其家人来说，这些包裹无异于雪中送炭。1948年6月，南京民众收到拉贝的数封衷心感谢信，从而了解到拉贝有多么需要他们的援助，这些信件至今保存在中国的档案馆中。拉贝收到这些包裹之前，他们全家只能采集野草做成汤给孩子们吃，大人则仅靠一点儿干面包维生。但当拉贝给南京回信时，柏林市场上甚至连面包也没有了，在此背景下，这些包裹对拉贝一家就越发珍贵。拉贝全家都非常感激南京市民提供的帮助，拉贝本人写道：这使他重建生活的信念。

1950年，拉贝死于中风。在他去世之前，拉贝留下了他在中国工作经历的书面遗产——2000多页有关南京大屠杀的文献材料，拉贝对这些材料进行了精心打印、排序和装订，甚至配有插图和其他说明；这些文献包括他和其他外国人的目击报告、报纸文章、广播报道、电报和各种暴行的照片。毫无疑问，拉贝意识到了这些记录的历史价值，或许他已预计到这些资料未来将会被公之于世。拉贝去世10年后，赖因哈特的母亲在拉贝的文件中发现了这些日记，并提出把它交给赖因哈特。但时不凑巧，赖因哈特当时正怀有身孕并忙于学校的考试，更重要的是她不敢阅读日记中的恐怖内容。赖因哈特婉拒了这一提议，于是拉贝的儿子奥托·拉贝博士继承了这些文件。半个世纪以来，这些文件一直不为世人所知，甚至是德国历史学家也无从了解。

【小课堂】张纯如为什么要写《南京大屠杀》？

  张纯如是第二代美国华裔，小时候从父母口中得知南京大屠杀。当她试图从美国图书馆、历史教材中了解更多信息时，却发现一无所获。在一次展览上，张纯如第一次看到南京大屠杀照片，感到了无比震惊和愤怒：面对这样的暴行，西方世界为什么会集体失忆？！日本政府为什么始终毫无悔意？！忘记过去的人注定要重蹈覆辙。为还原历史真相，将南京大屠杀暴行公之于世，张纯如用近三年的时间，在世界各地查阅资料，访问幸存者。其间，她发现了能够证实南京大屠杀存在的重要物证——《拉贝日记》和《魏特琳日记》。在1997年12月南京大屠杀60周年之际，她用英文写成的历史纪实著作《南京大屠杀》出版。在出版前言中，她引用了诺贝尔和平奖得主埃利·威塞尔的话，"忘记大屠杀就是二次屠杀"。

【见微知著】 选文详细记录了寻找拉贝、发现日记的过程，以及拉贝回国后的经历。详细的调查、如实的记录和鲜明的立场并存。张纯如通过人物的口述记录，明确的日期、地点，详细的数据等事实证据，证明历史真相不会被埋没。正视历史，铭记历史，才能以史为鉴。拉贝对暴行的记录和为南京难民提供的庇护，张纯如为还原南京大屠杀历史真相不惧威胁的奔走呼告，也为我们展示了在唤醒良知、维持正义、维护和平中令人钦佩的个人力量。

奏响和谐的旋律

【大河论坛】

亲情是我们人生中最珍贵的财富，它给予了我们无尽的归属感和满足感。家人相聚时的美好场景总让我们感到快乐，家人间相互鼓励的话语总让我们充满力量。老师在线上主题班会上让大家阅读了汪曾祺先生《多年父子成兄弟》一文的片段，大家围绕"你理想中的亲子关系"各抒己见。在日常生活中，你和父母如何相处？你希望能有怎样的改变？你和父母相处的温馨一刻你还记得吗？请你也来说一说。

父亲对我的学业是关心的，但不强求。我小时候，国文成绩一直是全班第一。我的作文，时得佳评，他就拿出去到处给人看。我的数学不好，他也不责怪，只要能及格，就行了。我初中时爱唱戏，唱青衣，我的嗓子很好，高亮甜润。在家里，他拉胡琴，我唱。我的同学有几个能唱戏的。学校开同乐会，他应我的邀请，到学校去伴奏。几个同学都只是清唱。有一个姓费的同学借到一顶纱帽，一件蓝官衣，扮起来唱《朱砂井》，但是没有配角，没有衙役，没有犯人，只是一个赵廉，摇着马鞭在台上走了两圈，唱了一段"郿坞县在马上心神不定"，便完事下场。父亲那么大的人陪着几个孩子玩了一下午，还挺高兴。

（选自汪曾祺《多年父子成兄弟》）

互动留言区：

小旋律：
由这篇文章我联想到我的父亲也十分支持我的兴趣爱好，经常陪我一起去体育场踢足球，让我在绿茵场上尽情奔跑，尽情释放。

小音符：
要是每个父母都能有汪曾祺父亲这样"关心，但不强求"的态度就好了。我认为亲子之间要能尝试去体会彼此的情绪和想法，理解彼此的立场和感受，和谐的亲子关系是建立在尊重与平等之上的。

小乐谱：
在"爱孩子"与"管孩子"之外，我们更需要的是"懂孩子"。希望父母能认真倾听和思考我的心声，我也会努力理解他们的选择和想法。

我说：

【一叶知春】

君子和而不同，小人同而不和。

———《论语》

各种不同的人格，如同琴瑟上不同的弦子，和谐合奏，就能发出天乐般悦耳的共鸣。

———冰心

最深最平和的快乐，就是静观天地与人世，慢慢品味出它的美与和谐。

———三毛

各美其美，美人之美，美美与共，天下大同。

———费孝通

自然的交响

万物并育而不相害,道并行而不相悖。

——《礼记》

大琴老师：中国的古诗词、山水画、民间传说中有很多与人与自然和谐发展的思想意识，你们能说说自己的体会吗？

小旋律：中国古代传说神农尝百草为人们治疗疾病，神农氏被尊为中医药始祖。中医药是大自然给人类的礼物，也是人类积极探索自然、发现自然的成果。

小音符："日出而作，日入而息。凿井而饮，耕田而食。"先秦时期流传下来的《击壤歌》，唱出了先民们顺应自然、自足安乐的劳动生活场景。

小乐谱："春雨惊春清谷天，夏满芒夏暑相连。秋处露秋寒霜降，冬雪雪冬小大寒……"中国人观察自然，尊重自然，依时而作，《二十四节气歌》也是证明。

小旋律：中国山水画讲究虚实相生，以意立景，是画家们观察自然、欣赏自然、赞美自然、移情入景的体现。

大琴老师：这些宝贵的文明成果，都是人与自然和谐共生的体现。大自然是慷慨的，在物质和精神上都给了我们丰厚的馈赠。我们也应从古人的智慧中得到启示，顺应自然，保护自然，热爱自然。

小音符：人类可能是这个星球的主人，却并不是唯一的居民。维护"地球村"的生态平衡，促进人与自然和谐相处，是我们的责任。

奏响和谐的旋律

【叩门引路】 感时伤怀是人类情感与时序更迭的共鸣，草木飘摇的秋天易让人有光阴之叹、悲凉之感。在秋意渐浓的时节，我们都有过夜半听风的经历。你有过怎样的感慨？公元1059年，时年53岁的北宋著名文学家、政治家欧阳修，在经历多次跌宕起伏后步入了人生的秋天，在一个秋风萧瑟的夜晚百感交集，写下《秋声赋》。

秋声赋

北宋 欧阳修

欧阳子方[①]夜读书，闻有声自西南来者，悚然[②]而听之，曰："异哉！"初淅沥以萧飒[③]，忽奔腾而砰湃[④]，如波涛夜惊，风雨骤至。其触于物也，鏦鏦铮铮[⑤]，金铁皆鸣；又如赴敌之兵，衔枚[⑥]疾走，不闻号令，但闻人马之行声。予谓童子："此何声也？汝出视之。"童子曰："星月皎洁，明河在天，四无人声，声在树间。"

大琴老师： 作者用比喻和排比写出了秋声的突如其来和磅礴气势。

小旋律：
但童子对秋声的感受和描述，显然没有作者那么强烈。作者的描写却让人感觉秋天来势汹汹，铺天盖地。这是为什么？

小乐谱：

我觉得这跟作者的阅历和情感有关系。相对于童子而言，作者年纪大，经历多，对时光流逝有更多感触，所以他对秋声更加敏感。

予曰："噫嘻悲哉！此秋声也，胡为乎来哉？盖夫秋之为状也，其色惨淡，烟霏[7]云敛；其容清明，天高日晶[8]；其气栗冽[9]，砭[10]人肌骨；其意萧条，山川寂寥。故其为声也，凄凄切切，呼号奋发。丰草绿缛[11]而争茂，佳木葱茏而可悦；草拂之而色变，木遭之而叶脱；其所以摧败零落者[12]，乃其一气之余烈。夫秋，刑官[13]也，于时为阴；又兵象也，于行用金；是谓天地之义气，常以肃杀而为心。天之于物，春生秋实。故其在乐也，商声主西方之音，夷则为七月之律。商，伤也，物既老而悲伤；夷，戮也，物过盛而当杀。嗟夫！草木无情，有时[14]飘零。人为动物，惟物之灵，百忧感其心，万事劳其形，有动乎中[15]，必摇其精。而况思其力之所不及，忧其智之所不能，宜其渥[16]然丹者为槁木，黟[17]然黑者为星星[18]。奈何以非金石之质，欲与草木而争荣？念谁为之戕贼，亦何恨乎秋声？"

童子莫对，垂头而睡。但闻四壁虫声唧唧，如助予之叹息。

小音符：

作者一直在长吁短叹，他一会说"异哉"，一会说"噫嘻悲哉"，最后又说"嗟夫"。

大琴老师：

人在悲伤忧思时难免叹息，作者在文中通过不同的感叹词表达他的感情，你可以通过朗读去感受。

奏响和谐的旋律

小乐谱：
这三个感叹词把作者感秋声之奇的惊、伤草木凋零的悲、叹人无再年少的忧表现得淋漓尽致。

【注释】

①方：正在。

②悚然：恐惧的样子。

③初淅沥以萧飒：起初是淅淅沥沥的细雨带着萧飒的风声。淅沥，形容轻微的声音，如风声、雨声、落叶声等。萧飒，形容树木的声音。

④砰湃：同"澎湃"。象声词，像波浪冲击的声音。

⑤鏦（cōng）鏦铮铮：象声词，像金属相击的声音。

⑥衔枚：古时行军或袭击敌军时，让士兵衔枚以防出声。枚，形似竹筷，衔于口中，两端有带，系于脖上。

⑦霏：飞散。

⑧晶：明净。

⑨栗冽：寒冷。

⑩砭：古代用来治病的石针，这里引用为刺的意思。

⑪缛：繁密，繁复。

⑫所以……者：……的原因。

⑬刑官：掌刑的官。周朝以天、地、春、夏、秋、冬命名官。司寇执掌刑法，为秋官。

⑭有时：有固定时限。

⑮中：通"衷"，内心。

⑯渥：红润的脸色。
⑰黟（yī）：黑。
⑱星星：喻白发。

【见微知著】

在短短的篇幅里，选文从人的感官之秋写到自然之秋，再写到生命之秋，融情入景，以知话秋，融理于情，不断开拓意境。结尾处童子的懵懂无知与作者的忧愁悲伤形成鲜明对比，更突出了作者的寂寞孤独。这篇赋起兴于人的感性认知，分析事物内在规律，归于深刻的理性反思。无限悲叹中不乏冷静与客观。

"悲秋"是中国古典文学的传统主题，战国辞赋家宋玉的《九辩》、汉武帝刘彻的《秋风辞》、三国曹植的《秋思赋》、西晋潘岳的《秋兴赋》、唐代李德裕及刘禹锡唱和的《秋声赋》……都是代表性作品。1941年田汉创作的话剧《秋声赋》，在欧阳修《秋声赋》的基础上注入了当时抗日背景下救亡图存的新内涵。风格从惆怅抑郁变得蓬勃向上，秋意虽凉，但只要大家团结一致，国土终完整，秋声亦蓬勃。

【叩门引路】

1924年的阳春三月,朱自清为了赚钱养家来到浙江上虞的白马湖任教。二十世纪二十年代初,春晖中学在这里创办。江南耆宿(qí sù,德高望重的人)、曾任浙江省两级师范学堂校长的经亨颐担任校长,聘请了一大批文人学者来此执教。学校师资雄厚为人瞩目,除朱自清外,还有教育家夏丏(miǎn)尊、匡互生,漫画家丰子恺,美学家朱光潜,文学家王任叔等人。著名教育家蔡元培、黄炎培、叶圣陶等人也曾来此讲学。在美丽的白马湖畔,人与自然交融共生,他们以"立人"为根本,实行着爱与美的教育。

自然的交响

白马湖

现代 朱自清

今天是个下雨的日子。这使我想起了白马湖:因为我第一回到白马湖,正是微风飘萧的春日。

白马湖在甬绍铁道的驿亭站,是个极小极小的乡下地方。在北方说起这个名字,管保一百个人一百个人不知道。但那却是一个不坏的地方。这名字先就是一个不坏的名字。据说从前(宋时?)有个姓周的骑白马入湖仙去,所以有这个名字。这个故事也是一个不坏的故事。假使你乐意搜集,或也可编成一本小书,交北新书局印去。

白马湖并非圆圆的或方方的一个湖,如你所想到的,这是曲曲折折大大小小许多湖的总名。湖水清极了,如你所能想到的,一点儿不含糊像镜子。沿铁路的水,再没有比这里清的,这是公论。

遇到旱年的夏季，别处湖里都长了草，这里却还是一清如故。白马湖最大的，也是最好的一个，便是我们住过的屋的门前那一个。那个湖不算小，但湖口让两面的山包抄住了。外面只见微微的碧波而已，想不到有那么大的一片。湖的尽里头，有一个三四十户人家的村落，叫作西徐岙（ào，水中小岛），因为姓徐的多。这村落与外面本是不相通的，村里人要出来得撑船。后来春晖中学在湖边造了房子，这才造了两座玲珑的小木桥，筑起一道煤屑路，直通到驿亭车站。那是窄窄的一条人行路，蜿蜒曲折的，路上虽常不见人，走起来却不见寂寞——尤其在微雨的春天，一个初到的来客，他左顾右盼，是只有觉得热闹的。

春晖中学在湖的最胜处，我们住过的屋也相去不远，是半西式。湖光山色从门里从墙头进来，到我们窗前、桌上。我们几家接连着，丏翁的家最讲究。屋里有名人字画，有古瓷，有铜佛，院子里满种着花。屋子里的陈设又常常变换，给人新鲜的受用。他有这样好的屋子，又是好客如命，我们便不时地上他家里喝老酒。丏翁夫人的烹调也极好，每回总是满满的盘碗拿出来，空空的收回去。白马湖最好的时候是黄昏。湖上的山笼着一层青色的薄雾，在水里映着参差的模糊的影子。水光微微地暗淡，像是一面古铜镜。轻风吹来，有一两缕波纹，但随即平静了。天上偶见几只归鸟，我们看着它们越飞越远，直到不见为止。这个时候便是我们喝酒的时候。我们说话很少；上了灯话才多些，但大家都已微有醉意，是该回家的时候了。若有月光也许还得徘徊一会；若是黑夜，便在暗里摸索醉着回去。

> **大琴老师：**
> 天地有大美而不言，白马湖的黄昏寂寥又苍茫，大家都沉浸在自然的无言之美中。

小音符： 所以他们在黄昏里忘言，在月光下徘徊。

白马湖的春日自然最好。山是青得要滴下来，水是满满的、软软的。小马路的两边，一株间一株地种着小桃与杨柳。小桃上各缀着几朵重瓣的红花，像夜空的疏星。杨柳在暖风里不住地摇曳。在这路上走着，时而听见锐而长的火车的笛声是别有风味的。在春天，不论是晴是雨，是月夜是黑夜，白马湖好。——雨中田里菜花的颜色最早鲜艳；黑夜虽什么不见，但可静静地受用春天的力量。夏夜也有好处，有月时可以在湖里划小船，四面满是青霭。船上望别的村庄，像是蜃楼海市，浮在水上，迷离惝恍的；有时听见人声或犬吠，大有世外之感。若没有月呢，便在田野里看萤火。那萤火不是一星半点的，如你们在城中所见；那是成千成百的萤火。一片儿飞出来，像金线网似的，又像耍着许多火绳似的。只有一层使我愤恨。那里水田多，蚊子太多，而且几乎全闪闪烁烁是疟蚊子。我们一家都染上了疟病，至今三四年了，还有未断根的。蚊子多足以减少露坐夜谈或划船夜游的兴致，这未免是美中不足了。

小乐谱： 可见白马湖的生活也是俭朴且有些艰难的。

大琴老师：
但作者却怀着热爱之情，写下白马湖碧波的清澈之美、黄昏的寂寥之美、春日的蓬勃之美、夏夜的梦幻之美与人情的和谐之美。

小音符： 生活虽然不完美，但美却在生活中！

自然的交响

离开白马湖是三年前的一个冬日。前一晚"别筵"上，有丏翁与云君。我不能忘记丏翁，那是一个真挚豪爽的朋友。但我也不能忘记云君，我应该这样说，那是一个可爱的——孩子。

【见微知著】

朱自清从白马湖的自然环境写到白马湖的人情交往，从一日中最美的黄昏写到一年中最美的春日。对精神苦闷、为生计奔波的朱自清而言，白马湖的风景之美和人情之美是一种治愈，以至于离开白马湖多年仍以它为题材写下多篇散文。

人是大地之子，环境是我们生命的依托。自然环境为我们提供生产生活资料和审美对象，人文环境则通过民风民俗、文化精神影响我们的思维方式和审美取向。在白马湖，朱自清写下大量散文，出版诗文集《踪迹》，朱光潜写出了美学论文《无言之美》，丰子恺创作了漫画作品《人散后，一钩新月天如水》……夏丏尊离开十年后写下代表作《白马湖之冬》，表达了对纯净、美好的白马湖生活的思念。这些作品孕育于白马湖的山光水色，熔铸了作者的性情与思考，形成了清新质朴、独立高洁、仁爱宏博的美学风格。

【叩门引路】

我们都知道"囊萤夜读"的故事。晋朝车胤家贫好学,晚上没有钱买油点灯照明,就捉来萤火虫盛入囊中,借着萤火读书。萤火虫在这个故事中是勤勉好学的象征。中国古代诗词、典故中有很多与萤火虫有关,你还知道哪些呢?萤火虫在我国分布广泛,栖息在温暖、潮湿的草丛里,以伤害农作物的蜗牛为食物,是益虫。它夜晚出来觅食,在黑暗中一闪一闪,为人们的夜晚增添了诗意。让我们随着著名科普小品作家贾祖璋的文字,去认识这可爱的生灵。

萤火虫

现当代 贾祖璋

满天的繁星在树梢头辉耀着;黑暗中,四周都是黑魆魆(bá)的树影;只有东面的一池水,在微风中把天上的星,皱作一缕缕的银波,反映出一些光辉来。池边几丛的芦苇和一片稻田,也是黑魆魆的;但芦苇在风中摇曳的姿态,却隐约可以辨认,这芦苇底下和田边的草丛,是萤火虫的发祥地。它们一个个从草丛中起来,是忽明忽暗的一点点的白光,好似天上的繁星,一个个在那里移动。最有趣的是这些白光虽然乱窜,但也有一些追逐的形迹:有时一个飞在前面,亮了起来,另一个就会向它一直赶去,但前面一个忽然隐没了,或者飞到水面上,与水中的星光混杂了;或者飞入芦苇或稻田里,给那枝叶遮住,于是追逐者失了目标,就迟疑地转换方向飞去。有时反给别个萤火虫作为追逐的目标了。

而且这样的追逐往往不止一对,所以水面上,稻田上,一明一暗,一上一下的闪闪的白光与天上的星光同样的繁多;尤其是在水面的,映着皱起的银波,那情景是很感兴趣的。

大琴老师:
作者由远及近、由静到动地描绘出一幅流萤飞舞的夏夜美景,令人神往。

这是幼年时暑假期间在乡间纳凉时所见的情景。当时与弟妹等一边听着在烈日中辛苦了一日才得这片刻安闲休息的邻舍们的谈笑,一边向萤火虫唱着质朴的儿歌:

萤火虫,
夜夜红;
飞到天上捉蚜虫,
飞到地上捉绿葱。

在这样的歌声中,偶然有几个飞到身边,赶忙用芭蕉扇去拍,有时竟会把它拍在地上,有时它突然一暗,就飞到扇子所能拍到的范围以外去了,这时就是追了上去,也往往是不能再拍着的。被拍在地上的,它把光隐了,也着实难以寻觅;或又悄悄地飞起,才再现它的光芒,也往往给它逃去。被捉住的最初是用它来赌胜负,就是放在地上,用脚一拖。在地上划起一条发光的线,比较哪个人划得长,就作为胜利。不消说,这是一种残酷的行为,真所谓"以生命为儿戏"的了。后来那些幸运的个体不会这样被牺牲,它们被闭入日间预备好的鸭蛋壳里,让它们一闪一闪,作为小灯笼。就睡时就携到枕边,颇有爱玩不忍释手的样子。但大人们以为萤火虫假如有机会钻入人的耳内,就会进去吃脑子,所以又往往被禁止携入房间里的。

萤火虫是怎样发生的,乡间没有谈起,但古书上却说它是腐草所化成的。去年那号称中国第一家的老牌杂志，竟发表过罗广庭博士的生物化生说，所以腐草化萤，大概是可靠的。但罗博士经广东方面几位大学教授要求严密实验以后，一直到现在还未曾有过下文，至少那家老牌杂志，没有再把他的实验发表过，大抵罗博士已被他们戳穿西洋镜了。那么腐草为萤的传说也就有重新估定价值的必要。

原来萤有许多种数，全世界所产能够发光的萤有二千种，形态相像而不能发光的也有二千种。我们这里最常见的一种是身体黄色，而翅膀的光端有些黑色的。它们也有雌雄，结婚以后，雄的以为责任已尽，随即死去；雌萤在水边的杂草根际产生微细的球形黄白色卵三四百粒，也随即死去。这卵也能发一些微光，经过廿七八天，就孵化为幼虫。幼虫的身体有十三个环节，长纺锤形，略扁平；头和尾是黑色的，体节的两旁也有黑点。尾端有一个能够吸附他物的附属器，可代足用。尾端稍前方的身体两侧还有一个特殊的发光器官，也能放青色的光。日中隐伏于泥土下，夜间出来觅食。它能吃一种做人类肺蛭中间宿主的螺类，所以有相当的益处。下一年的春天，长大成熟，在地下掘一个小洞，脱了皮化蛹。蛹淡黄色，夜间也能发光。到夏天就化作能够飞行的成虫。看了这一个简单的生活史，腐草为萤的传说，可以不攻自破了。

最令人感到兴趣的萤火，是从哪里来的呢？在科学上的研究，以前有人以为是某种发光性细菌与萤火虫共栖的缘故，但近来经过详细的研究，确定并没有细菌的形迹可寻，还是说它是一种化学作用来得妥当。这种发光器的构造，随萤的种类和发育的时代而不同。幼虫和蛹大抵相似；在成虫普通位于尾端的腹面，表面是一层淡黄色透明质硬的薄膜，下面排列着多数整齐的细胞，形成扁平的光盘，细胞里有多数黄色细粒，叫作"萤火体"（Luci ferase），遇着氧气就起化学作用而发光。这些细胞的周围又满布毛细管，毛细管连接气管能送入空气，使萤光体可以接触氧气。又分布着许多神经，能随意调节空气的输送，所以现出忽明忽暗的样子。与发光细胞相对的还有一层含有多数蚁酸盐或尿酸盐的小结晶的细胞，呈乳白色，好似一面镜子，能够把光反射到外方。

萤光不含赤外线（热线）和紫外线（化学线），所以只有光而没有热，是一种理想的照明用的光。但现在的人类还不能明白这些萤光体的内容；既不能直接利用它，也不能仿照它的化学成分来制出一种人造的萤光。人类所能利用的，在历史上有晋代的车胤，把它盛在袋里，以代烛火读书。在外国，墨西哥地方出产一种巨大的萤火虫，胸部有两个大发光器，放绿色的光；腹部下面也有一个发光器，放橙黄色的光；两色相映，极为美丽，妇人把它簪在发间，作为夜舞时的装饰品。还有，就是作为玩耍而已。至于在萤火虫的自身，藉此可以引诱异性，又可以威吓敌害，对于它的生活是很有意义的。

在电灯、煤气灯和霓虹灯交互辉煌的上海，是没有机会遇到萤火虫的。故乡的萤火虫更是一年，二年，几乎十年没有见过了，最近家中来信说：三月没有雨，田里的稻都已枯死，桑树也有许多枯萎了。那么往时所见的一池水，当然已经干涸，一片稻田，看去一定像一片焦土，那黑的树影，也必定很稀疏了。我那辛苦工作的邻舍们已经无工可作，他们可以作长期的休息了，但是在纳凉的时候，在他们的谈话中，未知还能闻到多少笑声。

因了萤火虫我记着了遭遇旱灾的故乡了。祝福我辛苦的邻人们，应该有一条生路可走。

小音符：
开篇看到"黑魆魆",还有些害怕,现在倒有点怀念"黑魆魆"了。

小旋律： 因为它意味着植被茂盛、水草丰美,萤火虫有良好的生息环境。

小乐谱：
好的自然环境不仅可以为萤火虫的生存创造良好条件,也是人们幸福快乐生活的基础。

【小课堂】萤火虫是怎么发育出发光器的?

发光器是萤火虫发光的"秘密武器",荧光素酶、荧光素等物质在这里产生生物化学反应发出冷光。萤火虫能发育出发光器是因为它有特殊基因吗?萤火虫成虫发光器的发育机制和闪光控制机制是萤火虫研究中两个最基本的问题,也是最难的问题。华中农业大学教授付新华及其团队,通过比较基因组的研究没有发现与萤火虫成虫发光器的发育和闪光控制直接相关的新基因。付新华突然想到,萤火虫可能只是利用常见基因进化出了发光功能。2018年他们在与萤火虫腹部发育相关的基因中发现两个关键的转录因子"AlAbd-B"和"AlUnc-4"。这两个转录因子通过互作启动调控荧光素酶的表达,其中任何一个转录因子"沉默",都会导致萤火虫不发光。这个发现使人类在萤火虫发光器发育机制的研究上迈出一大步。

【见微知著】

作者开篇描绘了一幅美好和谐的乡间夏日纳凉场景，激发读者兴趣；再先后抛出"萤火虫是怎样发生的""萤火是从哪里来的"两个问题，引发读者好奇心，利用科学知识驳斥了"腐草为萤"的无稽之谈，介绍了萤火虫产卵、发育的过程，解开萤火之谜；最后再写到故乡遭遇旱灾的悲惨现状，与开篇的美好过去进行对比，表达作者忧思。贾祖璋先生在二十世纪二十年代就开始创作科普小品，他的作品兼具文学性、趣味性、科学性和思想性，很受欢迎。虽然时间已经过了一个世纪，但他的工作对于正在努力构建人与自然和谐的今天，仍然具有特别的意义。

奏响和谐的旋律

【叩门引路】 你在成长过程中有过这样的"秘密花园"吗？它可能是奶奶侍弄的两畦菜地，或者是一块被人忽略的野草地，又或者只是单元楼下疏于打理的一个小花坛，但这小小的自然天地却能带给我们无穷的欢乐。在那里，我们可以和黄蜂、蚂蚱一同自由闲逛，和蝴蝶、蜻蜓追逐嬉戏。中国现代作家萧红小时候也有过这样一个"秘密花园"。

祖父的园子

现代 萧红

呼兰河这小城里边住着我的祖父。

我生的时候，祖父已经六十多岁了，我长到四五岁，祖父就快七十了。

我家有一个大花园，这花园里蜂子、蝴蝶、蜻蜓、蚂蚱，样样都有。蝴蝶有白蝴蝶、黄蝴蝶。这种蝴蝶极小，不太好看。好看的是大红蝴蝶，满身带着金粉。

蜻蜓是金的，蚂蚱是绿的，蜂子则嗡嗡地飞着，满身绒毛，落到一朵花上，胖圆圆的就和一个小毛球似的不动了。

小旋律：
鲁迅在《从百草园到三味书屋》里写过黄蜂，"肥胖的黄蜂伏在菜花上"。

大琴老师：

鲁迅用一个"伏"字形象地描摹出黄蜂停在花蕊中专心采蜜的静态画面。萧红写的蜂子有什么特点？你更喜欢谁写的？说说你的理由。

花园里边明晃晃的，红的红，绿的绿，新鲜漂亮。

据说这花园，从前是一个果园。祖母喜欢吃果子就种了果园。祖母又喜欢养羊，羊就把果树给啃了。果树于是都死了。到我有记忆的时候，园子里就只有一棵樱桃树，一棵李子树，因为樱桃和李子都不大结果子，所以觉得它们是并不存在的。小的时候，只觉得园子里边就有一棵大榆树。

这榆树在园子的西北角上，来了风，这榆树先啸，来了雨，大榆树先就冒烟了。太阳一出来，大榆树的叶子就发光了，它们闪烁得和沙滩上的蚌壳一样了。

祖父一天都在后园里边，我也跟着祖父在后园里边。祖父戴一顶大草帽，我戴一顶小草帽。祖父栽花，我就栽花；祖父拔草，我就拔草。当祖父下种，种小白菜的时候，我就跟在后边，把那下了种的土窝，用脚一个个地溜平。哪里会溜得准，东一脚的，西一脚地瞎闹。有时不单没把菜种用土盖上，反而把菜子踢飞了。

小白菜长得非常之快，没有几天就冒了芽了。一转眼就可以拔下来吃了。

祖父铲地，我也铲地。因为我太小，拿不动那锄头杆，祖父就把锄头杆拔下来，让我单拿着那个锄头的"头"来铲。其实哪里是铲，也不过是爬在地上，用锄头乱勾一阵就是了。也认不得哪个是苗，哪个是草。往往把韭菜当作野草一起地割掉，把狗尾草当作谷穗留着。

插画 姜强

等祖父发现我铲的那块满留着狗尾草的一片,他就问我:

"这是什么?"

我说:

"谷子。"

祖父大笑起来,笑得够了,把草摘下来问我:

"你每天吃的就是这个吗?"

我说:

"是的。"

我看着祖父还在笑,我就说:

"你不信,我到屋里拿来你看。"

我跑到屋里拿了鸟笼上的一头谷穗,远远地就抛给祖父了。说:

"这不是一样的吗?"

祖父慢慢地把我叫过去,讲给我听,说谷子是有芒针的,狗尾草则没有,只是毛嘟嘟的真像狗尾巴。

祖父虽然教我,我看了也并不细看,也不过马马虎虎承认下来就是了。一抬头看见了一个黄瓜长大了,跑过去摘下来,我又去吃黄瓜去了。黄瓜也许没有吃完,又看见了一个大蜻蜓从旁飞过,于是丢了黄瓜又去追蜻蜓去了。蜻蜓飞得多么快,哪里会追得上。好在一开初也没有存心一定追上,所以站起来,跟了蜻蜓跑了几步就又去做别的去了。

采一个倭瓜花心,捉一个大绿豆青蚂蚱,把蚂蚱腿用线绑上,绑了一会,也许把蚂蚱腿就绑掉,线头上只拴了一只腿,而不见蚂蚱了。

玩腻了,又跑到祖父那里去乱闹一阵。祖父浇菜,我也抢过来浇,奇怪的就是并不往菜上浇,而是拿着水瓢,拼尽了力气,把水往天空里一扬,大喊着:

"下雨了,下雨了。"

太阳在园子里是特大的，天空是特别高的，太阳的光芒四射，亮得使人睁不开眼睛，亮得蚯蚓不敢钻出地面来，蝙蝠不敢从什么黑暗的地方飞出来。是凡在太阳下的，都是健康的、漂亮的，拍一拍连大树都会发响的，叫一叫就是站在对面的土墙都会回答似的。

花开了，就像花睡醒了似的。鸟飞了，就像鸟上天了似的。虫子叫了，就像虫子在说话似的。一切都活了。都有无限的本领，要做什么，就做什么。要怎么样，就怎么样。都是自由的。倭瓜愿意爬上架就爬上架，愿意爬上房就爬上房。黄瓜愿意开一个谎花，就开一个谎花，愿意结一个黄瓜，就结一个黄瓜。若都不愿意，就是一个黄瓜也不结，一朵花也不开，也没有人问它。玉米愿意长多高就长多高，它若愿意长上天去，也没有人管。蝴蝶随意地飞，一会从墙头上飞来一对黄蝴蝶，一会又从墙头上飞走了一个白蝴蝶。它们是从谁家来的，又飞到谁家去？太阳也不知道这个。

大琴老师：
作者用拟人手法和"愿意……就……"的句式表现出蔬菜生长的自由自在，也写出了人对自然的尊重，读来亲切自然。这样的句子你会写吗？你也可以试试看。

读者留言：

只是天空蓝悠悠的，又高又远。

可是白云一来了的时候，那大团的白云，好像翻了花的白银似的，从祖父的头上经过，好像要压到了祖父的草帽那么低。

我玩累了，就在房子底下找个阴凉的地方睡着了。不用枕头，不用席子，把草帽遮在脸上就睡了。

【见微知著】

在这座园子里,萧红的祖父栽花,种菜,也养育她。小小的萧红像肆意生长的倭瓜藤和黄瓜蔓一样自由又自在……在这篇回忆性的选文中,作者以特有的童心去观察世界,有了对世界的诗意感悟——万物平等,生命自由。这成为萧红生命的底色,是她取之不竭的艺术源泉,也是她后来反抗压迫,对抗现实黑暗,追求平等、自由和爱的精神动力。"祖父的园子"之于萧红,犹如"百草园"之于鲁迅、"地坛"之于史铁生,既是一个现实的自然所在,更是一个理想的精神家园。

【邀你读书】

  还记得小学语文课本中的《火烧云》吗?火烧云夺目耀眼、变化多端,那篇精彩的课文和这篇选文一样都节选自萧红的小说《呼兰河传》。《呼兰河传》是萧红回忆故乡和童年生活的作品。它不同于一般小说,没有贯穿始终的完整情节,也没有中心人物,全书七个篇章相对独立,采用儿童视角,将小城风俗和居民生活娓娓道来,犹如展开一幅栩栩如生的风俗画。《呼兰河传》博采小说、散文和诗歌之所长,有丰满的人物形象塑造和引人入胜的故事,有"形散神聚"的叙事手法和结构,还有朴实清新、略带感伤的意境。

【叩门引路】 大自然给人类提供了诗意的栖居地，一年四季，春夏秋冬总会带给我们无限惊喜！迟子建的《春天是一点一点化开的》带你领略大兴安岭迟到的春天；梁衡的《夏感》带你品味田野中旋律紧张的夏天；赵丽宏的《秋天的树》带你体会我们身边生机勃勃的秋天；郁达夫的《江南的冬景》带你感受江南可爱的冬天。让我们一起用心感受四季更迭、万物循生的美妙吧！

自然的交响

流转的四季

春天是一点一点化开的

当代 迟子建

立春的那天，我在电视中看到，杭州西子湖畔的梅花开了。粉红的、雪白的梅花，在我眼里就是一颗颗爆竹，噼啪噼啪地引爆了春天。我想这时节的杭州，是不愁夜晚没有星星可看了，因为老天把最美的那条银河，送到人间天堂了。

大琴老师： 作者写北国的春天，为什么要先提杭州的春天呢？

小旋律： 杭州西湖的春天来得迅猛而热烈，与北国春天来得艰难形成鲜明对比，为下文作了铺垫。

而我这里，北纬五十度的地方，立春之时，却还是零下三十摄氏度的严寒。早晨，迎接我的是一夜寒流和冷月，凝结在玻璃窗上的霜花。想必霜花也知道节气变化了吧，这天的霜花不似往日的，总是树的形态。立春的霜花团团簇簇的，很有点花园的气象。你能从中看出喇叭形的百合花来，也能看出重瓣的玫瑰和单瓣的矢车菊来。不要以为这样的花儿，一定是银白色的，一旦太阳从山峦中升起来，印着霜花的玻璃窗，就像魔镜一样，散发出奇诡的光辉了。初升的太阳先是把一抹嫣红投给它，接着，嫣红变成橘黄，霜花仿佛被蜜浸透了，让人怀疑蜜蜂看上了这片霜花，把它们辛勤的酿造，洒向这里了。再后来，太阳升得高了，橘黄变成了鹅黄，霜花的颜色就一层层地淡下去、浅下去，成了雪白了，它们离凋零的时辰也就不远了。因为霜花的神经，最怕阳光温暖的触角了。

小乐谱： 霜花是大自然在玻璃窗上作的画！

大琴老师：
你说得真好！作者有一双善于观察的眼睛，于微细处发现了大自然的美好。你有没有被别人未曾注意到的美所震撼过？你也可以尝试着用文字记录下来。

虽然季节的时针已指向春天了，可在北方，霜花却还像与主子有了感情的家奴似的，赶也赶不走。什么时候打发了它们，大地才会复苏。四月初，屋顶的积雪开始消融，屋檐在白昼滴水了，霜花终于熬不住了，撒脚走了。它这一去也不是不回头，逢到寒夜，它又来了。不过来得不是轰轰烈烈的，而是闪闪烁烁地隐现在窗子的边缘，看上去像是一树枝叶稀疏的梅。四月底，屋顶的雪化净了，林间的积雪也逐渐消融的时候，霜花才彻底丢了魂儿。

在大兴安岭，最早的春色出现在向阳山坡。嫩绿的草芽像绣花针一样顶破丰厚的腐殖土，要以它的妙手，给大地绣出生机时，背阴山坡往往还有残雪呢。这样的残雪，还妄想着做冬的巢穴。然而随着冰河乍裂，达子香花开了，背阴山坡也绿意盈盈了，残雪也就没脸再赖着了。山前山后，山左山右，是透着清香的树、烂漫的山花和飞起飞落的鸟儿。那蜿蜒在林间的一道道春水，被暖风吹拂得起了鱼苗似的波痕。投在水面的阳光，便也跟着起了波痕，好像阳光在水面打起蝴蝶结了。

> **大琴老师：**
> 为生动形象地写出温暖对严寒的抗争，作者在文中大量使用了拟人、比喻等修辞手法。选择你喜欢的一处来说一说这种写法的好处。

我爱这迟来的春天。因为这样的春天不是依节气而来的，它是靠着自身顽强的拼争，逐渐摆脱冰雪的桎梏，曲曲折折地接近温暖，苦熬出来的。也就是说，极北的春天，是一点一点化开的。它从三月化到四月甚至五月，沉着果敢，心无旁骛，直到把冰与雪安葬到泥土深处，然后让它们的精魂，又化作自己根芽萌发的雨露。

春天在一点一点化开的过程中，一天天地羽翼丰满起来了。待它可以展翅高飞的时候，解冻后的大地，又怎能不做了春天的天空呢！

大琴老师：作者为什么会爱"迟来的春天"呢?

小音符：

因为它的到来是靠自己争取的,作者被它顽强拼搏的精神所震撼。迟来的春天告诉我们,即使没有好的条件,但凭借不屈不挠的努力,也能够克服重重困难、挫折,实现自身价值。

大琴老师：

自然事物中总是蕴含着深刻的哲理和无穷的智慧,你曾经从自然界中获得了哪些启示呢?

读者留言：

奏响和谐的旋律

夏感

当代 梁衡

充满整个夏天的是一种紧张、热烈、急促的旋律。好像炉子上的一锅冷水在逐渐泛泡、冒气而终于沸腾了一样。山坡上的芊芊细草渐渐滋成一片密密的厚发，林带上的淡淡绿烟也凝成一堵黛色的长墙。轻飞曼舞的蜂蝶不见了，却换来烦人的蝉儿，潜在树叶间一声声地长鸣。火红的太阳烘烤着一片金黄的大地，麦浪翻滚着，扑打着远处的山、天上的云，扑打着公路上的汽车，像海浪涌着一艘艘的舰船。金色主宰了世界上的一切，热风浮动着、飘过田野，吹送着已熟透的麦香。那春天的灵秀之气经过半年的积蓄，这时已酿成一种磅礴之势，在田野上滚动，在天地间升腾。夏天到了。

大琴老师： 作者描写景物用词贴切。请你找出用得好的词说一说。

小音符： "滋"字写出了小草迅速蔓延、生长的动态画面。

小旋律： "扑打"一词用得好，写出了麦浪翻滚的气势。

小音符： "涌"描写麦浪翻滚的样子，准确生动。

夏天的色彩是金黄的。按绘画的观点，这大约有其中的道理。春之色为冷的绿，如碧波，如嫩竹，贮满希望之情；秋之色为热的赤，如夕阳，如红叶，标志着事物的终极。夏天当春华秋实之间，自然应了这中性的黄色——收获之已有而希望还未尽，正是一个承前启后、生命交替的旺季。你看，麦子刚刚割过，田间那挑着七八片绿叶的棉苗，那朝天举着喇叭筒的高粱、玉米，那在地上匍匐前进的瓜秧，无不迸发出旺盛的活力。这时她们已不是在春风微雨中细滋漫长，而是在暑气的蒸腾下，蓬蓬勃发，向秋的终点作着最后冲刺。

> **小乐谱：**
> "挑着"写出了棉花沉甸甸的状态，"举着"写出了高粱玉米蓬勃的生长姿态，"匍匐前进"写出了瓜秧蔓延的生长势头，一连串的拟人手法让人们感受到即将收获的喜悦。

夏天的旋律是紧张的，人们的每一根神经都被绷紧。你看田间那些挥镰的农民，弯着腰，流着汗，只是想着快割，快割；麦子上场了，又想着快打，快打。他们早起晚睡亦够苦了，半夜醒来还要听听窗纸，可是起了风；看看窗外，天空可是遮上了云。麦子打完了，该松一口气了，又得赶快去给秋苗追肥、浇水。"田家少闲月，五月人倍忙"，他们的肩上挑着夏秋两季。

遗憾的是，历代文人不知写了多少春花秋月，却极少有夏的影子。大概，春日融融，秋波澹澹，而夏呢，总是浸在苦涩的汗水里。有闲情逸致的人，自然不喜欢这种紧张的旋律。我却想大声赞美这个春与秋之间的黄金的夏季。

大琴老师： 作者想要赞美的仅仅是"黄金的夏季景色"吗？

小音符：
他更是赞美在夏天辛勤劳作、为社会创造财富的劳动人民。

【邀你读书】

　　梁衡先生著有《树梢上的中国》一书，该书是他跋山涉水寻访人文古树后写就的一部散文集。书中记录了中国大地上众多古树的历史兴衰，融入了作者"人文森林"的理念和丰富的历史内涵，同时也传达出作者倡导绿色文明的人文思考。让我们一起去与古树对话，与自然对话吧！

秋天的树

当代 赵丽宏

秋风在大地上游荡。夏日的酷暑像一群惊慌失措的野兽，在悄然而至的秋风里一哄而散，逃遁得不知去向。

秋天是我最喜欢的季节。年轻时代生活在乡村的那几年，我真正理解了成熟、收获和秋天的关系。在高旷澄澈的蓝天下，等待收割的稻田金浪起伏，长江边的芦花银波荡漾，迁徙的雁群排着整齐的队伍飞向远方，天地之间回荡着它们的鸣唱……这是无比美妙的景象。在城市里，看不到成熟的秋林和原野，也闻不到成熟的果实和稻谷的清香，你只能从气温的变化中感觉秋天。高楼大厦一年四季以不变的姿态屹立在你的视野里，它们绝不会因季节的变化而有所动。

好在城市里有树。树，向城里的人们报告着秋天的消息。

从我书房的那扇北窗中望出去，能看到三棵树，一棵泡桐，一棵月桂，还有一棵梧桐。种树的院子是别人的，但是这并不妨碍我欣赏它们。也许，在一年四季中，吸引我的目光时间最多的是这几棵树。在休息的时候，在思索的时候，我总是凝视着窗外，欣赏它们婀娜多姿的绿色身影。它们向我展现着生命轮回的过程，向我昭示着自然和兴衰起伏的生机，使我联想起我在大自然中曾经有过的种种美妙经历。春天，它们最早把清新的绿色送入我的眼帘。泡桐树还会开出一树淡紫色的花，使我感受到生命的蓬勃和多彩。夏天，它们用浓浓的绿阴遮挡炎阳，在酷暑中带给我些许清凉。这三棵树，引来了很多飞鸟，每天早晨，都能听到鸟在树阴中快乐地唱歌。此刻，风中不时飘来淡淡的清香，那是桂花的芬芳。抬头看窗外，高大的泡桐树叶开始发黄。那棵稍矮一些的月桂正在开花，金黄色的桂花被树阴遮挡着，看不真切，然而微风把它们的清香传送得很远。风紧的时候，会有几片树叶掉下来，就像几只硕大的蝴蝶，在空中优美地闪动着金黄色的翅膀，忽上忽下悠然飘旋……

　　我知道，随着秋风的加剧，随着气温的下降，很多大树的绿叶会枯黄，会从枝头脱落。然而这并不意味着衰亡和没落。冬天，那些常青的树木依然用绿色证明着它们的存在。而那些脱尽了树叶的树木，同样使我感觉到生命的顽强。在寒风和霜雪中，光秃秃的枝杈就像无数伸向天空的手臂，它们似乎是想拥抱什么，召唤什么。凝望这些冬天的树，我的心里不会有枯萎的联想。冬天是无法消灭这些树木的，等春风一来，它们马上会萌芽长叶，把绿色的春的消息传遍人间。苏辙说："寒暑不能移，岁月不能败者，惟松柏为然。"我想，这松柏，应该是所有树木的代称。

> **小音符：**
> "想拥抱什么，召唤什么"使用了拟人的修辞手法，将树杈人格化，赋予其人的情态。寒风中，它们能拥抱什么？想召唤什么呢？

> **小乐谱：**
> 我觉得它们拥抱的是战胜寒冬的决心和勇气，召唤的是再次萌发的希望。

　　是的，此刻，我想为树，为这些人类的朋友说几句感激的话。它们默默地屹立在我们身边，给我们绿，给我们宁静，给我们清新的空气，却从来不会要人类回报它们。在这个世界上，树是人类最重要最可靠的朋友，我们理应对它们满怀感激之心。在我们这个城市里，有不少年龄比我们上一代的老人们还要老的大树，它们目睹这座城市的沧桑变迁，也把自己的生命奉献给了这座城市。它们不但没有使我们的城市变得衰老，还使一代又一代人从它们身上感受到生命的活力。我们的城市因为它们而显得年轻。树是沉默的，面对自然，它们坚韧顽强，生机勃勃。然而面对人类的摧残，它们却无可奈何，只能逆来顺受。十多年前，我曾经写过文章，为城市里的那些大树担忧。为了修路造楼房，很多大树被砍伐，这是忘恩负义的蠢举。我曾经担心我们这个城市最终将会变成一片没有绿色的水泥森林。现在，人们终于认识到树的重要，体会到树的可亲可近和可敬。最近，听说上海市政府已经决定在全市广栽大树，这消息使我感到欣慰。我想，那些沉默的树，它们也会高兴的。

很久以前，读过一位四川诗人的诗集，书名是《伐木声声》，诗人用一种豪迈骄傲的态度对砍伐大树、毁灭森林的行动大唱赞歌。长江流域的森林，就是在这样的赞歌声中消失的。这样的诗，现在再读，当然是触目惊心了。在写这篇文章的时候，我的书桌上也有一本旧诗集，作者是19世纪的法国人拉科姆。其中有一首诗，题为《栽树》，我忍不住要把它抄在这里：

谁栽下了树，谁就栽下了希望。

正如人的生命，必须

扎根于时间的泥土

才能爬向上帝的天堂。

小树啊，谁能预料

长大后，它们将会多么壮观。

小音符：
作者从秋天的树中获得了许多人生感悟。你从中获得了哪些启迪呢？

小乐谱： 我们要常怀感激之心，还要有树一样的奉献精神。

小旋律：
在日常生活中，面对挫折，我们也要努力向上，顽强拼搏。

读者留言：

江南的冬景

现代 郁达夫

凡在北国过过冬天的人，总都知道围炉煮茗，或吃煊（xuān，暖）羊肉，剥花生米，饮白干的滋味。而有地炉、暖炕等设备的人家，不管它们外面是雪深几尺，或风大若雷，而躲在屋里过活的两三个月的生活，却是一年之中最有劲的一段蛰居异境；老年人不必说，就是顶喜欢活动的小孩子们，总也是个个在怀恋的，因为当这中间，有的是萝卜、雅儿梨等水果的闲食，还有大年夜、正月初一、元宵等热闹的节期。

但在江南，可又不同；冬至过后，大江以南的树叶，也不至于脱尽。寒风——西北风——间或吹来，至多也不过冷了一日两日。到得灰云扫尽，落叶满街，晨霜白得像黑女脸上的脂粉似的清早，太阳一上屋檐，鸟雀便又在吱叫，泥地里便又放出水蒸气来，老翁小孩就又可以上门前的隙地里去坐着曝背谈天，营屋外的生涯了；这一种江南的冬景，岂不也可爱得很么？

我生长江南，儿时所受的江南冬日的印象，铭刻特深；虽则渐入中年，又爱上了晚秋，以为秋天正是读读书，写写字的人的最惠节季，但对于江南的冬景，总觉得是可以抵得过北方夏夜的一种特殊情调，说的摩登些，便是一种明朗的情调。

> **小音符：**
> 文章题为"江南的冬景"，开篇却从北国的冬天写起，跟《春天是一点一点化开的》开头写法类似。

奏响和谐的旋律

> **大琴老师：**
> 作者说江南冬景有一种明朗的情调，请你在读的过程中试着说说"明朗"体现在哪里。

我也曾到过闽粤，在那里过冬天，和暖原极和暖，有时候到了阴历的年边，说不定还不得不拿出纱衫来着；走过野人的篱落，更还看得见许多杂七杂八的秋花！一番阵雨雷鸣过后，凉冷一点，至多也只好换上一件夹衣，在闽粤之间，皮袍棉袄是绝对用不着的；这一种极南的气候异状，并不是我所说的江南的冬景，只能叫它作南国的长春，是春或秋的延长。

江南的地质丰腴而润泽，所以含得住热气，养得住植物；因而长江一带，芦花可以到冬至而不败，红叶亦有时候会保持得三个月以上的生命。像钱塘江两岸的乌桕树，则红叶落后，还有雪白的桕子着在枝头，一点一丛，用照相机照将出来，可以乱梅花之真。草色顶多成了赭色，根边总带点绿意，非但野火烧不尽，就是寒风也吹不倒的。若遇到风和日暖的午后，你一个人肯上冬郊去走走，则青天碧落之下，你不但感不到岁时的肃杀，并且还可以饱觉着一种莫名其妙的含蓄在那里的生气；"若是冬天来了，春天也总马上会来"的诗人的名句，只有在江南的山野里，最容易体会得出。

> **小旋律：** 江南的植被在冬日也饱有生气，生命是明朗的。

说起了寒郊的散步，实在是江南的冬日，所给与江南居住者的一种特异的恩惠；在北方的冰天雪地里生长的人，是终他的一生，也决不会有享受这一种清福的机会的。我不知道德国的冬天，比起我们江浙来如何，但从许多作家的喜欢以 Spaziergang（德语，意为"散步"）一字来做他们的创作题目的一点看来，大约是德国南部地方，四季的变迁，总也和我们的江南差仿不多。譬如说十九世纪的那位乡土诗人洛在格（Peter Rosegger，1843 年～1918 年）吧，他用这一个"散步"做题目的文章尤其写得多，而所写的情形，却又是大半可以拿到中国江浙的山区地方来适用的。

　　江南河港交流，且又地滨大海，湖沼特多，故空气里时含水分；到得冬天，不时也会下着微雨，而这微雨寒村里的冬霖景象，又是一种说不出的悠闲境界。你试想想，秋收过后，河流边三五家人家会聚在一道的一个小村子里，门对长桥，窗临远阜，这中间又多是树枝槎（chá）桠的杂木树林；在这一幅冬日农村的图上，再洒上一层细得同粉也似的白雨，加上一层淡得几不成墨的背景，你说还够不够悠闲？若再要点些景致进去，则门前可以泊一只乌篷小船，茅屋里可以添几个喧哗的酒客，天垂暮了，还可以加一味红黄，在茅屋窗中画上一圈暗示着灯光的月晕。人到了这一个境界，自然会得胸襟洒脱起来，终至于得失俱亡，死生不问了；我们总该还记得唐朝那位诗人做的"暮雨潇潇江上树"的一首绝句吧？诗人到此，连对绿林豪客都客气起来了，这不是江南冬景的迷人又是什么？

小音符： 江南的冬天温度、湿度都是适宜的，造就了明朗的天气和景致。

小乐谱： 明朗的风物和景致感染了人，人的胸襟和境界也是明朗洒脱的。

一提到雨，也就必然地要想到雪；"晚来天欲雪，能饮一杯无？"自然是江南日暮的雪景。"寒沙梅影路，微雪酒香村"，则雪月梅的冬宵三友，会合在一道，在调戏酒姑娘了。"柴门村犬吠，风雪夜归人"，是江南雪夜，更深人静后的景况。"前村深雪里，昨夜一枝开"，又到了第二天的早晨，和狗一样喜欢弄雪的村童来报告村景了。诗人的诗句，也许不尽是在江南所写，而做这几句诗的诗人，也许不尽是江南人，但假了这几句诗来描写江南的雪景，岂不直截了当，比我这一枝愚劣的笔所写的散文更美丽得多？

大琴老师：
作者巧妙地引用前人的诗句描画出日暮、夜晚和清晨不同时分的江南雪景图，给读者留下丰富的想象空间。

小音符：
"寒沙梅影路，微雪酒香村"让人想象到月光下的梅花影子印在微雪的路上，梅香混着酒香缭绕，优美宁静。

大琴老师：
说得真好！你可以尝试其他的古诗新说，用优美的语言描画出诗意的雪景。

读者留言：

有几年,在江南也许会没有雨没有雪地过一个冬,到了春间阴历的正月底或二月初再冷一冷下一点春雪的;去年(一九三四)的冬天是如此,今年的冬天恐怕也不得不然,以节气推算起来,大约大冷的日子,将在一九三六年的二月尽头,最多也总不过是七八天的样子。像这样的冬天,乡下人叫作旱冬,对于麦的收成或者好些,但是人口却要受到损伤;旱得久了,白喉、流行性感冒等疾病自然容易上身,可是想恣意享受江南的冬景的人,在这一种冬天,倒只会得感到快活一点,因为晴和的日子多了,上郊外去闲步逍遥的机会自然也多;日本人叫作 Hiking,德国人叫作 Spaziergang 狂者,所最欢迎的也就是这样的冬天。

　　窗外的天气晴朗得像晚秋一样;晴空的高爽,日光的洋溢,引诱得使你在房间里坐不住,空言不如实践,这一种无聊的杂文,我也不再想写下去了,还是拿起手杖,搁下纸笔,上湖上散散步吧!

【见微知著】　我们在大兴安岭的春天里感受生命的顽强,获得人生的启示;在紧张热烈的夏天里歌颂劳动,体会生活的诗意;在成熟的秋天里细品大树,得到精神的升华;在江南的冬天里找寻明朗的情调,领略自然的可爱。春夏秋冬,四季流转,人在不同的时节里感受生的美妙,自然因人的审美而获得存在的意义。

【叩门引路】马到成功、龙马精神、汗马之功、走马上任、老马识途……我们使用的很多成语都与马有关，寓意美好。马是被最早驯化的动物之一，在历史中是非常重要的交通工具。在汽车、火车、飞机等现代交通工具被大量使用之前，马在探险、贸易、战争等方面发挥了巨大作用。直到今天，马依然活跃在娱乐、体育竞技等领域。

马

现当代 吴伯箫

端阳，正是初夏，天气多少热了起来。穿了单衣，戴着箬笠，骑马去看戚友，在途中，偶尔河边停步，攀着柳条，乘乘凉，顺便也数数清流的游鱼，听三两渔父，应着活浪活浪的水声，哼着小调儿，这境界一品尚书是不换的。不然，远道归来，恰当日衔（xián）半山，残照红于榴花，驱马过三家村边，酒旗飘处，斜睨着"闻香下马"那么几个斗方大字，你不馋得口流涎么？才怪！鞭子垂在身边，摇摆着，狗咬也不怕。"小妞！吃饭啦，还不给我回家！"你瞧，已是吃大家饭的黄昏时分了呢。把缰绳一提，我也赶我的路。到家掌灯了，最喜那满天星斗。

真是家乡的日子是有趣的。

当学生了。去家五里遥的城里。七天一回家，每次总要过过马瘾的。东岭，西洼，河埃，丛林，踪迹殆遍（到处遍布之意）。不是午饭都忘了吃么？直到父亲呵叱了，才想起肚子饿来。反正父亲也是喜欢骑马的，呵叱那只是一种担心。啊，生着气的那慈爱喜悦的心啊！

　　祖父也爱马，除了像三国志那样几部老书。春天是好骑了马到十里外的龙潭看梨花的。秋来也喜去看矿山的枫叶。马夫，别人争也无益，我是抓定了的官差。本来么，祖孙两人，缓辔蹒跚于羊肠小道，或浴着朝暾（tūn，刚出的太阳），或披着晚霞，闲谈着，也同乡里交换问寒问暖的亲热的说话；右边一只鸟飞了，左边一只公鸡喔喔在叫，在纯朴自然的田野中，我们是陶醉着的。

　　最记得一个冬天，满坡白雪，没有风，老人家忽尔要骑马出去了，他就穿了一袭皮袍，暖暖的，系一条深紫的腰带，同银白的胡须对比的也戴了一顶绛紫色的风帽，宽大几乎当得斗篷，马是棕色的那一匹吧，跟班仍旧是我。出发了呢？那情景永远忘不了。虽没去做韵事，寻梅花，当我们到岭巅头，系马长松，去俯瞰村舍里的缕缕炊烟，领略那直到天边的皓洁与荒旷的时候，却是一个奇迹。

　　说呢，孩子时候的梦比就风雨里的花朵，是一招就落的。转眼，没想竟是大人了。家乡既变得那样苍老，人事又总坎坷纷乱，闲暇少，时地复多乖离，跃马长堤的事就稀疏寥落了。可是我还是喜欢马呢：不管它是银鬃，不管它是赤兔，也不管它是泥肥骏瘦，蹄轻鬣（liè，动物颈上的长毛）长，我都喜欢。我喜欢刘玄德跃马过檀溪的故事，我也喜欢"泥马渡康王"的传说，即使荒诞不经吧，却都是那样神秘超逸，令人深深向往。

　　徐庶走马荐诸葛，在这句话里，我看见了大野中那位热肠的而又洒脱风雅的名士。骑马倚长桥，满楼红袖招，你看那于绿草垂杨临风伫立的金陵年少，丰采又够多么英俊翩翩呢。固然敝车羸马，颠顿于古道西风中，也会带给人一种寂寞怅惘之感的，但是，这种寂寞怅惘，不是也正可于这种情景下令人留恋的么？——前路茫茫，往哪里去？当你徘徊踟蹰时就姑且信托一匹龙钟的老马，跟了它一东二冬的走吧。听说它是认识路的。譬如那回忆中幸福的路。

你不信么？"非敢后也，马不进也。"那个落落大方说着这样话的家伙，要在跟前的话，我不去给他执鞭坠镫（dèng，马鞍两边供骑马人蹬脚的脚踏）才怪哪。还有那冯异将军的马，看着别人擎擎着一点点劳碌就都去觍（tiǎn，厚着脸皮）颜献功，而自己的主人却踢开了丰功伟烈，兀自巍然堂堂地站在了大树根下，仿佛只是吹吹风的那种神情的时候，不该照准了那群不要脸的东西去乱踢一阵，而也跑到旁边去骄傲地跳跃长啸么？那应当是很痛快的事。

小旋律：老师，我发现这篇选文里有很多与马相关的历史典故。

大琴老师：
用典是一种常见的写作手法，有借古抒怀、以古喻今的作用，能够含蓄、委婉地表达思想和观点。这些典故写的是马的故事，实则在赞扬其中蕴涵的中华优秀文化传统。比如，"跃马过檀溪""泥马渡康王"借马儿护主的故事，赞扬救人于危难的赤胆忠心。

小音符：
走马荐诸葛，徐庶表现出的是洒脱风雅、满腔热忱的名士风度。

小乐谱：
"骑马倚长桥"是诗酒趁年华的倜傥（tì tǎng）潇洒。"老马识途"是人们对万物皆有灵性的敬畏和尊重……

十万火急的羽文,古时候有驿马飞递;探马报道,寥寥四个字里,活活绘出了一片马蹄声中那营帐里的忙乱与紧急,百万军中,出生入死,不也是凭了征马战马才能斩将搴旗的么?飞将在时,阴山以里就没有胡儿了。

落日照大旗,马鸣风萧萧。

唅,怎么这样壮呢!胆小的人不要哆嗦啊,你看,那风驰电掣地闪了过去又风驰电掣地闪了过来的,就是马。那就是我所喜欢的马。——弟弟来信说,"家里才买了一匹年轻的马,挺快的……"真是,说句儿女情长的话,我有点儿想家。

【见微知著】

这篇散文是借马抒怀之作,作者抚昔追古,抒发了对马所代表的诗性生活的怀念以及诗性精神的赞美。马是人类的朋友,深度参与了人类生活和社会发展。闲适生活中的信马由缰,建功立业时的策马扬鞭,都离不开马儿的相伴和助力,人们对马怀有非常深厚的情谊。马的品性与人的精神相融合,已成为中国优秀传统文化中不可或缺的一部分。

【叩门引路】 我们经常能看到养在笼子里漂亮、聪明的鸟儿，也能常在城市的草坪、绿化树上发现那些觅食、散步的小生灵，还能在公园或广场上遇见时而踱步、时而飞翔的鸽群。但你见过会搭便车、能提醒人收苞谷、不依不饶地跟人吵架的鸟儿吗？

那些鸟会认人

当代 刘亮程

我们经营了多少年才让成群的鸟落到院子，一早一晚，鸟的叫声像绵密细雨洒进粗糙的牛哞驴鸣里。那些鸟是我们家的。我们一家十六只耳朵听鸟叫。

大多是麻雀在叫。麻雀的口音与我们相近，一听就是很近的乡邻。树有一房高时它们在树梢上筑巢，好像有点害怕我们，把巢藏在叶子中间，以为我们看不见。后来树一年年长高，鸟巢便被举到高处，都快高过房顶一房高了，可能鸟觉得太高了，下到地上啄食不方便，又往下挪了几根树枝，也不遮遮掩掩了。

> 小音符：
> 麻雀筑巢的行为发生了哪些变化？这些变化意味着什么？

夏天经常有身上没毛的小鸟从树上掉下来，像我们小时候从炕上掉下来一样，扯着嗓子直叫。大鸟也在一旁叫，它没办法把小鸟弄到窝里去，眼睁睁看着叫猫吃掉，叫一群蚂蚁活活拖走。碰巧被我们收工放学回来看见了，赶快捡起来，仰起头瞅准了是哪个窝里掉下来的,爬上树给放回去。

一般来说爬树都是我的事,四弟也很能爬树,上得比我还高。不过我们很少上到树上去惹鸟。鸟跟我们吵过好几架,有点怕惹它们了。一次是我上去送一只小鸟,爬到那个高过房顶的横枝上。窝里有八只鸟蛋的时候我偷偷上来过一次,蛋放在手心玩了好一阵又放进去。这次窝里伸出七八只小头,全对着我叫。头上一大群鸟在尖叫。鸟以为我要毁它的窝伤它的孩子,一会儿扑啦啦落在头顶树枝上,边叫边用雨点般的鸟粪袭击我。一会儿落到院墙上,对着我们家门窗直叫,嗓子都直了,叫出血了。那声音听上去就是在骂人。母亲烦了,出门朝树上喊一声:快下来,再别惹鸟了。

另一次是风把晾在绳上的红被单刮到树梢,正好蒙在一个鸟巢上,四弟拿一根木棍上去取,惹得鸟大叫了一晌午。

还有一次,一只鹞子落在树上,鸟全惊飞到房顶和羊圈棚上乱叫。狗也对着树上叫,鸡和羊也望着树上。我们走出屋子,见一只灰色大鸟站在树杈上。父亲说是鹞子,专吃鸽子和鸟,我捡了块土块扔过去,它飞走了。

除了麻雀,有时房檐会落两只喜鹊,树梢站一只猫头鹰,还有声音清脆的黄雀时时飞来。它们从不在我们家树上筑巢,好像也从不把黄沙梁当家。它们往别处去,飞累了落在树枝上歇会儿脚,对着院子里的人和牲畜叫几声。

那堆苞谷赶紧收进去,要下雨啦。

镰刀用完了就挂到墙上。锨立在墙角。别满院子乱扔。

我觉得它们像一些巡逻官,高高在上训我们。只是话音像唱歌一样好听。乘人不注意飞下来叼一口食,又远远飞走。飞出院子飞过村子,再几年都见不到。

那些麻雀会认人呢。我对父亲说,昨天我在南梁坡割草,一只麻雀老围着我叫，我以为它想偷吃我背包里的馍馍。我低头割草，它就落在前面的草枝上对着我叫，我捆草时它又落到地上对着我叫。后来我才发现是我们家树上的一只鸟，左爪内侧有一小撮白毛，在院子里胆子特别大，敢走到人脚边觅食吃，所以我认下了。刚才我又看见了它，站在白母羊背上捡草籽吃。

　　鸟就是认人呢。大哥也说，那天他到野滩打柴，就看见我们家树上几只鸟。也不知道它们跑那么远去干啥。是跟着牛车去的，还是在滩里碰上了。它们一直围着牛转，叽叽喳喳，像对人说话。大哥装好柴后它们落到柴车上，四只并排站在一根柴禾上，一直乘着牛车回到家。

自然的交响

大琴老师：
作者认为鸟会认人，把鸟写得像人一样有感情，有性格，有智慧。你能从文中找出一些事例说说吗？

读者留言：

【见微知著】

在刘亮程的笔下，这些住在树上的邻居和其他乡邻别无二致，它们说话有乡音，情感丰富，性格鲜明。有的高冷，有的亲和，有的护崽心切，有的古灵精怪，有的泼皮无赖，也有的会仗势欺人……鸟儿和人类一样，都是大自然的儿女。我们多一些真诚和友善，多一些平等与尊重，它们便也多一些靠近，多一些信任，人与自然也就有了和谐的交响。

【大河论坛】

有人认为物种灭绝是自然选择的一种机制，它淘汰掉适应能力弱的物种，为更为顽强的物种提供更大的生存进化空间，我们应该顺其自然，不用付出太大代价去保护濒危物种。你如何看待这种观点？说说你的观点和理由。

互动留言区：

小旋律：
弱肉强食是自然界的法则，但不是人类滥捕滥杀的借口。"子钓而不纲，弋不射宿"。如果人类的活动严重影响到其他生物的正常繁衍，最终会破坏自然环境的和谐与平衡。

小音符：
濒危物种是科学研究的宝贵资源，对医学、遗传学、进化学等现代科学发展有重要意义。不管是促进社会、科学发展，满足人类生活需要，还是保护物种多样性，维护地球大家庭平衡，保护濒危物种都是人类责无旁贷的义务。

我说：

奏响和谐的旋律

【一叶知春】

天地与我并生，而万物与我为一。
——《庄子》

山气日夕佳，飞鸟相与还。
——东晋·陶渊明《饮酒·其五》

人闲桂花落，夜静春山空。
——唐·王维《鸟鸣涧》

湖上影子，惟长堤一痕、湖心亭一点、与余舟一芥、舟中人两三粒而已。
——明·张岱《湖心亭看雪》

心灵的和弦

> 形莫若就,心莫若和。
> ——《庄子》

人内心和谐，是人与人、人与自然和谐的基础。你们认为如何才能做到内心和谐呢？

大琴老师

要能保持内心的宁静，向往且执着追求美好的事物，始终保持乐观豁达的积极心态。

小音符

要修身养性，不为物欲和权欲而迷失自我，就像颜回，"一箪食，一瓢饮，在陋巷，人不堪其忧，回也不改其乐"。

小旋律

要能坦然接受人生的得与失，就像苏轼在《定风波》中所言："归去，也无风雨也无晴。"

小乐谱

还需要懂得宽容和珍惜，尽量减少与他人发生矛盾和争执，少一些斤斤计较，多一些理解支持，"己所不欲，勿施于人"。

小音符

学会知足也很重要，老子曰："祸莫大于不知足，咎莫大于欲得。故知足之足，常足矣。"这告诉我们内心的和谐往往来自于知足。

小旋律

同学们说得都很棒！鲁迅先生曾说："必须先改造了自己，再改造社会，改造世界。"我们只有在生活中不断完善自我，才能达到内心和谐的状态。

大琴老师

奏响和谐的旋律

【叩门引路】 有的人迷失于名利之间,忘记自己的人生追求;有的人遇事多有抱怨和恼怒,不愿以积极的心态面对生活;有的人时常苛责他人,从不反思自己的行为。这些可能都是内心不和谐的外在表现,那如何才能做到内心和谐呢?

《论语》节选

追求内心富足

子曰:"饭疏食①饮水②,曲肱③而枕之,乐亦在其中矣。不义而富且贵,于我如浮云。"

(选自《论语·述而》)

子欲居九夷。或④曰:"陋⑤,如之何?"子曰:"君子居之,何陋之有?"

(选自《论语·子罕》)

【注释】

①疏食:粗粮。
②水:冷水。热水为"汤"。
③曲肱:弯着胳膊。
④或:有的人。
⑤陋:简陋。

少苛责，多反思

子曰："学而时习之，不亦说乎？有朋自远方来，不亦乐乎？人不知而不愠①，不亦君子乎？"

（选自《论语·学而》）

子曰："躬②自厚而薄责③于人，则远④怨矣。"

（选自《论语·卫灵公》）

【注释】

①愠：恼怒，怨恨。
②躬：代词，自己。
③薄责：少责备。
④远：远离。

【见微知著】　孔子认为人的快乐源于内心的自在与丰盈，而不是外在的舒适与富贵；学会享受生活中的小确幸，少苛责别人，多反思自己，才能远离抱怨和失衡的心态。"内心和谐"是一种生活智慧，也是一种道德境界，更是人幸福的源头。

【叩门引路】　古代文人读书多是为了入仕为官，但中国历史上却有一群另类的人，相对于入仕为官，他们更愿意读书躬耕，守拙归园田，过朴实的心灵生活。这其中最具有代表性的就是田园诗人陶渊明，让我们一同阅读五柳先生的诗文，走进他丰富的精神世界。

归去来兮辞

东晋　陶渊明

归去来兮，田园将芜胡①不归？既自以心为形役②，奚③惆怅而独悲？悟已往之不谏④，知来者之可追⑤。实迷途⑥其未远，觉今是而昨非。舟遥遥以轻飏⑦，风飘飘而吹衣。问征夫⑧以前路，恨晨光之熹微⑨。

乃瞻衡宇⑩，载欣载奔。僮仆欢迎，稚子⑪候门。三径⑫就荒，松菊犹存。携幼入室，有酒盈⑬樽。引壶觞⑭以自酌，眄⑮庭柯以怡颜。倚南窗以寄傲⑯，审容膝⑰之易安。园日涉⑱以成趣，门虽设而常关。策扶老⑲以流憩，时矫首⑳而遐观。云无心以出岫㉑，鸟倦飞而知还。景翳翳㉒以将入，抚孤松而盘桓㉓。

小音符：
陶渊明真是息交绝游的宅家鼻祖。我们可以根据他的描述列一张宅家的愉悦清单。

归去来兮，请息交以绝游㉔。世与我而相违，复驾言㉕兮焉求？悦亲戚之情话，乐琴书以消忧。农人告余以春及，将有事于西畴㉖。或命巾车㉗，或棹㉘孤舟。既窈窕㉙以寻壑，亦崎岖而经丘。木欣欣以向荣㉚，泉涓涓㉛而始流。善万物之得时，感吾生之行休。㉜

已矣乎！寓形宇内复几时？曷不委心㉝任去留？胡为乎遑遑㉞欲何之？富贵非吾愿，帝乡㉟不可期。怀良辰以孤往，或植杖而耘耔㊱。登东皋㊲以舒啸，临清流而赋诗。聊乘化㊳以归尽，乐夫天命复奚疑㊴！

【故事汇】

汉朝蒋诩隐居之后，在院里竹下开辟三径，只与求仲、羊仲来往。后以"三径"代指隐士所居。

【小课堂】"啸"是什么？

啸指撮口发出长而清越的声音，其实就是吹口哨。魏晋名士通过啸来表现自己不拘世俗、鄙夷权势的态度。据刘义庆《世说新语》记载，权臣司马昭摆宴，客人们都很庄重严肃，只有竹林七贤之一的阮籍伸开两腿坐着，啸咏歌唱，"箕踞啸歌，酣放自若"。

【注释】

①胡：为何。
②以心为形役：让心神为形体所役使，这里指为了免于饥寒，违背本意做官。
③奚：为什么。
④谏：挽回。

⑤追：挽救，补救。

⑥迷途：做官。

⑦飏（yáng）：船慢慢前行。

⑧征夫：行人。

⑨熹微：光线微弱，天未大亮。

⑩衡宇：横木作门的简陋房屋。

⑪稚子：幼儿。

⑫三径：指归隐者的家园。

⑬盈：满。

⑭觞（shāng）：古代酒器。

⑮眄（miǎn）：斜视。

⑯寄傲：寄托傲世的情怀。

⑰容膝：仅能容纳双膝之地，形容居处狭小。

⑱涉：涉足，走到。

⑲扶老：拐杖。

⑳矫首：抬头。

㉑岫（xiù）：峰峦，山峦。

㉒翳翳：光线暗淡的样子。

㉓盘桓：盘旋，徘徊。

㉔绝游：断绝来往。

㉕驾言：驾车，这里指出游。

㉖畴：田地。

㉗巾车：有帷幕的车子。

㉘棹：本义为船桨，这里名词作动词，意为划桨。

㉙窈窕：幽深曲折的样子。

㉚欣欣以向荣：草木滋长茂盛。

㉛涓涓：水流细小的样子。

㉜善万物之得时,感吾生之行休:羡慕万物一到春天便及时生长,感叹自己的一生行将结束。

㉝委心:随心。

㉞遑遑:不安的样子。

㉟帝乡:古人指天帝所居之处,即神仙境界。

㊱耘耔(zǐ):除草培土。

㊲皋(gāo):高地。

㊳乘化:顺从自然的变化。

㊴乐夫天命复奚疑:乐安天命,还有什么可疑虑的呢?复,还有。

【见微知著】 这篇选文是陶渊明脱离仕途、回归田园的宣言,回归的欣喜、舒畅之情流于笔端。保持独立人格和坚守精神追求,是实现人内心和谐的基础。虽然田园生活简朴清贫,但从束缚的尘网中挣脱出来,内心是自在富足的。

【叩门引路】 身处喧嚣纷繁世界的我们，总是在不断奔跑，不断追逐。你有没有在某一个瞬间，忽然想要停下来，看看周遭的美景，问问自己的内心呢？我们不妨给自己留出一些时间，一起跟随唐代大诗人王维到美丽的终南山欣赏美景，安放心灵。

古诗两首

唐 王维

积雨辋川庄[①]作

积雨空林烟火迟[②]，蒸藜[③]炊黍[④]饷[⑤]东菑[⑥]。
漠漠[⑦]水田飞白鹭，阴阴[⑧]夏木啭[⑨]黄鹂。
山中习静观朝槿[⑩]，松下清斋[⑪]折露葵。
野老[⑫]与人争席罢[⑬]，海鸥何事更相疑。

小旋律：
好一幅田园山水画！你可以根据颔联的两个叠音词，想象夏雨后广布的水田和茂密的草木，用笔写下或者画下你的《夏雨辋川图》。

读者留言：

【故事汇】

"争席"典出《庄子》。杨朱去从老子学道，路上旅舍主人欢迎他，客人都给他让座。当他学成归来时，旅客们却不再让座，而与他"争席"。这说明杨朱已经领悟了自然之道,与人们没有了隔膜。

"海鸥"典出《列子》。海上有人与鸥鸟相亲近,互不猜疑。一天,父亲要他把海鸥捉回家来,他再到海滨时,海鸥便飞得远远的。心术不正破坏了他和海鸥的亲密关系。这里借海鸥喻人事。

> **大琴老师:**
> 尾联中使用了两个典故,一正用,一反用,两相结合,抒写了诗人远离尘嚣、淡泊自然的心境。

【注释】

①辋(wǎng)川庄:即王维在辋川的宅第,在今陕西蓝田终南山中,是王维隐居之地。终南山是秦岭的一段山脉,自然风光秀丽,历史悠久,文脉绵长。

②烟火迟:因久雨林野润湿,故烟火缓升。

③藜(lí):一年生草本植物,嫩叶可食。

④黍(shǔ):一种农作物,煮熟呈黏性。

⑤饷(xiǎng):给田间耕作的人送饭。

⑥东菑(zī):泛指田园。

⑦漠漠:形容广阔无际。

⑧阴阴:幽暗的样子。

⑨啭(zhuàn):小鸟婉转的鸣叫声。

⑩朝槿(jǐn):木槿,花朝开暮落,故常用比喻事物变化之速或时间的短暂。

⑪清斋:谓素食,长斋。

⑫野老:村野老人。

⑬争席罢:指自己要隐退山林,与世无争。

终南别业①

中岁②颇好道,晚家南山陲③。
兴来每独往,胜事④空自知。
行到水穷⑤处,坐看云起时。
偶然值林叟⑥,谈笑无还期⑦。

【注释】

①别业:野墅。
②中岁:中年。
③南山陲(chuí):终南山脚下。
④胜事:美好的事。
⑤穷:穷尽,尽头。
⑥叟(sǒu):老翁。
⑦无还期:没有归去的准确时间。

大琴老师:
颔联中的"每""独""空"三个字意蕴丰富,你能分别说一说读出了哪些意味吗?

小旋律:
"每"表明"兴来独往"非常频繁,不是偶然为之。

小音符:
"独"表明诗人是独自前往,真是一位洒脱的隐者。

小音符:
"空"隐隐约约带有些落寞,但更多的是自我陶醉,自得其乐。

插画 张秀秀

【小课堂】什么是律诗?

律诗是一种中国传统诗歌体裁,起源于南朝,盛行于唐宋,因在押韵、平仄、对仗等格律方面有严格要求而得名。律诗虽然格律要求非常严格,但也让我们充分感受到了诗歌的音乐美。

律诗通常是八句,超过八句的称排律或长律,四句的为律绝。八句律诗每两句成一联,共四联,第一联为首联,第二联为颔联,第三联为颈联,第四联为尾联。常见类型有五言律诗和七言律诗,分别是五字一句和七字一句。王维的这两首诗,《终南别业》为五言律诗,《积雨辋川庄作》为七言律诗。感兴趣的同学可以进一步去查阅律诗的具体要求和规则,尝试写一写朗朗上口的美妙诗句。

【见微知著】

终南山挺拔峻秀,云深林密,是王维钟情的隐居之所。他徜徉于终南的山水之间,观赏积雨空林的自然之美,收获坐看云起的恬淡心境。终南山不仅给王维以艺术灵感,也让他找到了心灵的安放之处。诗人笔下的山水往往是心境的投射,清代黄叔灿在《唐诗笺注》中说王维的山水诗"色籁俱清,读之肺腑若洗"。我们烦闷浮躁时,不妨学学王维,在自然中放松心情,在山水中洗涤心灵。

王维创作的山水诗中有不少写终南山的名篇,除了这两首,你还知道他的哪些诗歌呢?

【叩门引路】"焦虑"是一种经常困扰我们的情绪,有的人有"身材焦虑",有的人有"年龄焦虑",有的人有"学业焦虑"。如何才能摆脱焦虑?著名作家冯骥才也一度焦虑于时间的飞逝、生命的衰老。让我们一起读一读他的《白发》,从他的心路历程中寻找启发。

白发

当代 冯骥才

人生入秋,便开始被友人指着脑袋说:

"呀,你怎么也有白发了?"

听罢笑而不答。偶尔笑答一句:"因为头发里的色素都跑到稿纸上去了。"

大琴老师:
选文以"白发"为线索,描写了哪些人的"白发"?分别写出了"我"怎样的心境?一起阅读全文,来找一找答案吧!

就这样,嘻嘻哈哈、糊里糊涂地翻过了生命的山脊,开始渐渐下坡来。或者再努力,往上登一登。

对镜看白发,有时也会认真起来:这白发中的第一根是何时出现的?为了什么?思绪往往会超越时空,一下子回到少年时——那次同母亲聊天,母亲背窗而坐,窗子敞着,微风无声地轻轻掀动母亲的头发,忽见母亲的一根头发被吹立起来,在夕照里竟然银亮银亮,是一根白发!这根细细的白发在风里柔弱摇曳,却不肯倒下,好似对我召唤。我第一次看见母亲的白发,第一次强烈地感受到母亲也会老,这是多可怕的事啊!我禁不住过去扑在母亲怀里。母亲不知出了什么事，问我，用力想托我起来，我却紧紧抱住母亲，好似生怕她离去……事后，我一直没有告诉母亲这究竟为了什么。最浓烈的感情难以表达出来，最脆弱的感情只能珍藏在自己心里。如今，母亲已是满头白发，但初见她白发的感受却深刻难忘。那种人生感，那种凄然，那种无可奈何，正像我们无法把地上的落叶抛回树枝上去……

小音符：
一根"不肯倒下"的白发，写出了时间流逝的无可奈何和惊心动魄。

大琴老师： 阅读得很细致，善于抓住关键语句来解读文本。

当妻子把一小酒盅染发剂和一支扁头油画笔拿到我面前，叫我帮她染发，我心里一动，怎么，我们这一代生命的森林也开始落叶了？我瞥一眼她的头发，笑道："不过两三根白头发，也要这样小题大做？"可是待我用手指撩开她的头发，我惊讶了，在这黑黑的头发里怎么会埋藏这么多的白发！我竟如此粗心大意，至今才发现才看到。也正是由于这样多的白发，才迫使她动用这遮掩青春衰退的颜色。可是她明明一头乌黑而清香的秀发呀，究竟怎样一根根悄悄变白的？是在我不停歇的忙忙碌碌中，侃侃而谈中，还是在不舍昼夜的埋头写作中？是那些年在大地震后寄人篱下的茹苦含辛的生活所致？是为了我那次重病内心焦虑而催白的？还是那件事……几乎伤透了她的心，一夜间骤然生出这么多白发？

黑发如同绿草，白发犹如枯草；黑发像绿草那样散发着生命诱人的气息，白发却像枯草那样晃动着刺目的、凄凉的、枯竭的颜色。我怎样做才能还给她一如当年那一头美丽的黑发？我急于把她所有变白的头发染黑。她却说："你是不是把染发剂滴在我头顶上了？"

我一怔。赶忙用眼皮噙住泪水，不叫它再滴落下来。

> **小旋律：**
> 作者通过黑发和白发的鲜明对比，写出了勃勃生机和渐渐衰亡两种生命状态，突出了作者对衰老的恐惧与痛心。

一次，我把剩下的染发剂交给她，请她也给我的头发染一染。这一染，居然年轻许多！谁说时光难返，谁说青春难再，就这样我也加入了用染发剂追回岁月的行列。谁知染发是件愈来愈艰难的事情。不仅日日增多的白发需要加工，而且这时才知道，白发并不是由黑发变的，它们是从走向衰老的生命深处滋生出来的。当染过的头发看上去一片乌黑青黛，它们的根部又齐刷刷冒出一茬雪白，任你怎样去染，去遮盖，它还是茬茬涌现。人生的秋天和大自然的春天一样顽强。挡不住的白发呵！

开始时精心细染，不肯漏掉一根。但事情忙起来，没有闲暇染发，只好任由它花白。染又麻烦，不染难看，渐而成了负担。

这日，邻家一位老者来访。这老者阅历深，博学，又健朗，鹤发童颜，很有神采。他进屋，正坐在阳光里。一个画面令我震惊——他不单头发通白，连胡须眉毛也一概全白；在强光的照耀下，蓬松柔和，光明透彻，亮如银丝，竟没有一根灰黑色，真是美极了！我禁不住说，将来我也修炼出您这一头漂亮潇洒的白发就好了，现在的我，染和不染，成了两难。老者听了，朗声大笑，然后对我说："小老弟，你挺明白的人，怎么在白发面前糊涂了？

孩童有稚嫩的美，青年有健旺的美，你有中年成熟的美，我有老来冲淡自如的美。这就像大自然的四季——春天葱茏，夏天繁盛，秋天斑斓，冬天纯净。各有各的美感，各有各的优势，谁也不必羡慕谁，更不能模仿谁，模仿必累，勉强更累。人的事，生而尽其动，死而尽其静。听其自然，对！所谓听其自然，就是到什么季节享受什么季节。哎，我这话不知对你有没有用，小老弟？"

大琴老师：
"美极了"除了指通白的头发，还指什么？

读者留言：

小旋律：
与四季各有其美一样，人生的不同年龄段也各有其美。美不仅在于外表，更在于内在的气质和自然的心态。

我听罢，顿觉地阔天宽，心情快活。摆一摆脑袋，头上花发来回一晃，宛如摇动一片秋光中的芦花。

大琴老师：
前文中作者曾将白发比喻为枯草，晃动着刺目的、凄凉的、枯竭的颜色，请你将前面的比喻与此处的比喻作个比较，尝试体会作者心态的变化。

【见微知著】 冯骥才的《白发》让我们明白了衰老并不可怕，生命的每个阶段都很美好，人想要实现内心的和谐，就要懂得悦纳自我，懂得生活的辩证法，活出不一样的精彩。

奏响和谐的旋律

【叩门引路】 世界也许有时有点儿浮躁，但我们不能急躁。遇到事情，我们可以静下心来坐一会，让我们一起和汪曾祺学习"静坐"，在"静坐"中沉淀自我。

无事此静坐

当代 汪曾祺

我的外祖父治家整饬，他家的房屋都收拾得很清爽，窗明几净。他有几间空房，檐外有几棵梧桐，室内有木榻、漆桌、藤椅，这是他待客的地方，但是他的客人很少，难得有人来。这几间房子是朝北的，夏天很凉快。南墙挂着一条横幅，写着五个正楷大字：无事此静坐。

小旋律： "无事此静坐"中的"此"指的什么？

小音符： 应该就是指他们家清爽的书房。

大琴老师： 那你觉得这句话中的"静"有哪些内涵呢？一起阅读全文，来找一找答案吧！

我很欣赏这五个字的意思。稍大后,知道这是苏东坡的诗,下面的一句是:一日当两日。

事实上,外祖父也很少到这里来。倒是我常常拿了一本闲书,悄悄走进去,坐下来一看半天,看起来,我小小年纪,就已经有了一点隐逸之气了。

静,是一种气质,也是一种修养。诸葛亮云:"非淡泊无以明志,非宁静无以致远。"心浮气躁,是成不了大气候的。静是要经过锻炼的,古人叫作"习静"。唐人诗云:"山中习静朝观槿,松下清斋折露葵。""习静"可能是道家的一种功夫,习于安静确实是生活于扰攘的尘世中人所不易做到的。静,不是一味地孤寂,不闻世事。我很欣赏宋儒的诗:"万物静观皆自得,四时佳兴与人同。"唯静,才能观照万物,对于人间生活充满盎然的兴致。静是顺乎自然,也是合乎人道的。

大琴老师:
你还能联想到哪些写"静"的诗句?比如"人闲桂花落,夜静春山空"。

读者留言:

世界是喧闹的。我们现在无法逃到深山里去,唯一的办法是闹中取静。毛主席年轻时曾采用了几种锻炼自己的方法,一种是"闹市读书"。把自己的注意力高度集中起来,不受外界干扰,我想这是可以做到的。

这是一种习惯，也是环境造成的。我下放张家口沙岭子农业科学研究所劳动时，和三十几个农业工人同住一屋。他们吵吵闹闹，打着马锣唱山西梆子，我能做到心如止水，照样看书、写文章。我有两篇小说，就是在震耳的马锣声中写成的。这种功夫，多年不用，已经退步了。我现在写东西总还是希望有个比较安静的环境，但也不必一定要到海边或山边的别墅中才能构思。

大概有十多年了，我养成了静坐的习惯。我家有一对旧沙发，有几十年了。我每天早上泡一杯茶，坐在沙发里，坐一个多小时。虽是悠然独坐，然而浮想联翩。一些故人往事、一些声音、一些颜色、一些语言、一些细节，会逐渐在我的眼前清晰起来、生动起来。这样连续坐几个早晨，想得成熟了，就能落笔写出一点东西。我的一些小说散文，常得之于清晨静坐之中。曾见齐白石一幅小画，画的是淡蓝色的野藤花，有很多小蜜蜂，有颇长的题记，说这是他家乡的野藤，花时游蜂无数，他有个孙子曾被蜂螫，现在这个孙子也能画这种藤花了，最后两句我一直记得很清楚"静思往事，如在目底"。这段题记是用金冬心体写的，字画皆极娟好。"静思往事，如在目底"。我觉得这是最好的创作心理状态。就是下笔的时候，也最好心里很平静，如白石老人题画所说："心闲气静时一挥。"

小乐谱：

不愧都是大师，汪曾祺"静坐"与齐白石"画画"真是异曲同工啊！

大琴老师： 结合文本，你认为他们有哪些共通之处呢？

我是个比较恬淡平和的人，但有时也不免浮躁，最近就有点如我家乡话所说"心里长草"。我希望政通人和，使大家能安安静静坐下来，想一点儿事，读一点儿书，写一点儿文章。

【小课堂】毛主席年轻时是如何"闹市读书"的呢？

在湖南省第一师范学校求学期间，毛泽东同志经常到学校的后山妙高峰上"静中求学"，或者到车水马龙、人来人往的城门口"闹市读书"——时而朗读，时而默念，旁若无人。

【见微知著】汪曾祺的《无事此静坐》启发我们：无论外界多么喧闹纷扰，我们都要养成"静坐"的习惯，学会静思往事，沉淀自我。正如诸葛亮在《诫子书》中所言："非淡泊无以明志，非宁静无以致远。"人只有能静下心、沉住气，不受外界喧嚣的干扰，才能真正走向内心和谐。

【叩门引路】 面对日常的琐碎，有的人觉得一地鸡毛，麻烦无趣，有的人却能够乐在其中，悠然自得；面对矛盾冲突，有的人能够冷静沟通，有效解决，有的人却会情绪失控，紧张暴躁。面对生活的态度和处理问题的方式是人内心世界的反映。

安详

当代 王蒙

我很喜欢、很向往的一种状态，叫作安详。

活着是件麻烦的事情，焦灼、急躁、愤愤不平的时候多，而安宁、平静、沉着有定的时候少。

常常抱怨旁人不理解自己的人糊涂了。人人都渴望理解，这正说明理解并不容易，被理解就更难。用无止无休的抱怨、辩论、大喊大叫去求得理解，更是只会把人吓跑。

不理解本身应该是可以理解的。理解"不理解"，这是理解的初步，也是寻求理解的前提。你连别人为什么不理解你都理解不了，你又怎么能理解别人？一个不理解别人的人，又怎么要求别人的理解呢？

不要过分地依赖语言。不要总是企图在语言上占上风。语言解不开的事实可以解开。语言解开了而事实没有解开的话，语言就会失去价值，甚至于只能添乱。动辄想到让事实说话的人比起动不动就想说倒一大片的人更安详。

不要以为有了这个就会有那个。不要以为有了名声就有了信誉。不要以为有了成就就有了幸福。不要以为有了权力就有了威望。不要以为这件事做好了下一件事也一定做得好。

小旋律： 我平时也很容易抱怨他人，经常心态失衡，这样是不对的。

小乐谱：
我也是，总是在一些小事上，喜欢和别人争个高低，最后事情没说清，朋友也没有了。

大琴老师：
看来同学们都很善于反思啊！在学习和生活中，我们都要学会及时调整自己的心态，让自己更理性稳重，做一个强者、智者、自信者。

有人崇拜名牌，有人更喜欢挑剔名牌。有人承认成就，更有人因为旁人的成就而虎视眈眈。有人渴望权力，也有无数双眼睛盯着你对权力的运用。一个成功可以带来一连串成功，也可以因为你的狂妄恣肆而大败特败。没有这一面的道理，只有那一面的道理，就没有戏看了。

安详属于强者，骄躁流露幼稚。安详属于智者，气急败坏显得可笑。安详属于有信心者，大吵大闹暴露了他其实没有多少底气。

安详也有被破坏的时候，喜怒哀乐都是人之常情。问题是，喜完了怒完了哀完了乐完了能不能及时回到安详状态上来，如果动不动就闹腾，动不动就要拽住每一个人，论述自己的正确，如果要求自己的配偶自己的孩子自己的下属无休止地夸赞是多么多么的好，如果看到花没有按自己的意愿开果没有按自己要求的尺寸长就伤心顿足，您应该寻求心理医生的帮助。

安详方能静观。观察方能判断。明断方能行动。有条有理，不慌不乱，如烹小鲜，庶几可以谈学问矣。

童年常听到一句俗话，形容一个人气急败坏为"急得抓蝎子"。如果您对，急什么？如果您差劲，越急越没有用。动不动就摆出一副抓蝎子的样子，以为这种样子可以动人唬人，实属可叹可恶。《红楼梦》里的赵姨娘就是个动辄"抓蝎子"的人，我要以她为戒。一个人的能力有大小，至少不必自己活得那么痛苦，也给旁人带来那么多不快。

大琴老师：
你如何理解文中的"安详"？你心目中的安详又是什么？请运用排比句将其描述出来。

读者留言：

【见微知著】

王蒙的《安详》告诉我们：唯有安详，才能让我们管理好自己的情绪，超脱烦扰，明辨是非，泰然处之，自得其乐。良好的情绪管理可以帮助我们更愉悦地面对学习、生活，让我们的行为能有条有理，让我们的心理能不慌不乱，最终达到内心的和谐。

【叩门引路】每个人都有自己喜欢的生活方式，有的人喜欢村野独居过质朴自然的简单生活，有的人则喜欢投入广阔天地感受火热的生活，你喜欢什么样的生活方式？你能拿出行动和努力来追随内心的指引，去过自己想要的生活吗？

追随内心的生活

竹轩[①]诗兴

南宋 张镃

柴门[②]风卷却吹开，狭径[③]初成竹旋栽。
梢影[④]细从茶碗入，叶声轻逐篆烟[⑤]来。
暑天[⑥]倦卧星穿过，冬昼闲吟[⑦]雪压摧。
预想此时[⑧]应更好，莫移墙下一株梅。

奏响和谐的旋律

小旋律：
竹枝在白雪覆盖下露出苍翠的叶子，点点红梅凌寒绽放，这样的冬景一定很美！

大琴老师：
这株红梅并不存在，作者将对生活的期待和热爱溢于笔端，用虚写的手法写出了一株美丽的红梅，赋予了诗歌更多想象空间，营造出虚实相生的意境。

【注释】

①竹轩：座落在竹林中的幽雅小室。

②柴门：用木柴做的门。

③狭径：小路，小径。

④梢影：竹梢的影子。

⑤篆烟：盘香的烟缕。

⑥暑天：这里是指夏天的夜晚。

⑦闲吟：闲暇时吟诗。

⑧此时：指冬季。

生活是多么广阔

现当代 何其芳

生活是多么广阔,
生活是海洋。
凡是有生活的地方就有快乐和宝藏。

去参加歌咏队,去演戏,
去建设铁路,去做飞行师,
去坐在实验室里,去写诗,
去高山上滑雪,去驾一只船颠簸在波涛上,
去北极探险,去热带搜集植物,
去带一个帐篷在星光下露宿。

去过极寻常的日子,
去在平凡的事物中睁大你的眼睛,
去以自己的火点燃旁人的火,
去以心发现心。

生活是多么广阔,
生活又多么芬芳。
凡是有生活的地方就有快乐和宝藏。

小音符： 十五个排比句，读来让人心潮澎湃！

大琴老师：

这些句子写出了"广阔"生活的多样性，最终我们都能从生活中找到自己的位置。你想过充满挑战的生活，还是过极寻常的日子呢？

心灵的和弦

【见微知著】

第一首诗是南宋诗人张镃创作的一首七言律诗，描写清静雅致的竹轩生活，质朴自然；第二首诗是何其芳在延安创作的一首新诗，畅想了如海洋般的广阔生活，热情洋溢又和蔼可亲，曾鼓舞了无数青年投身革命事业。无论是在广阔的世界中高歌猛进，一路芬芳，还是在小小的竹轩中惬意闲居，只要追随内心的指引，按照自己的心意生活，敞开心扉尽己所能地去体验，就能感受到生命美好、人间珍贵。

【大河论坛】

你怎么理解《生活是多么广阔》一诗中的"快乐和宝藏"？这两个词是否重复？你认可"凡是有生活的地方就有快乐和宝藏"吗？

互动留言区：

小旋律：
我觉得"快乐"是指心情的愉悦，而"宝藏"则指我们从生活中获得的宝贵的心灵体验和成长。有生活的地方有快乐，也有忧愁，甚至会有苦难，但也一定会有宝藏。

小音符：
我认为"快乐和宝藏"不仅指一时的愉悦和物质的富足，更指内心的自洽。只要我们有勇气追寻自我，有能力选择自己想要的生活方式，就会得到"快乐和宝藏"。

我说：

奏响和谐的旋律

【一叶知春】

圣人不积,既以为人,己愈有;既以与人,己愈多。

——《道德经》

喜怒哀乐之未发,谓之中;发而皆中节,谓之和。

——《中庸》

徜徉于山林泉石之间,而尘心渐息;夷犹于诗书图画之内,而俗气潜消。

——《菜根谭》